Ernst Modersohn

Das Lamm Gottes

Gedanken zu Jesaja 53

VLM

Verlag der
Liebenzeller Mission
Bad Liebenzell

Die Bibelstellen in diesem Buch werden nach der Lutherausgabe von 1912 zitiert
ISBN 3 88002 314 X
4., neubearbeitete Auflage (1. Auflage beim Verlag der Liebenzeller Mission)

Umschlagfoto: Ausschnitt aus „Isenheimer Altar", Colmar, von Matthias Grünewald (Museum Unter Linden)
Photographie Giraudon, Paris.
Satz: Satz-Studio W. Six, Altötting
Herstellung: Druckhaus Gummersbach, Gummersbach-Derschlag
Printed in W.-Germany

Inhalt

Vorwort zur 4. Auflage

Bei der Lektüre dieses Buches spürt man, daß ein erfahrener Evangelist und Seelsorger die Auslegung des 53. Kapitels Jesajas vorgenommen hat, nennt er doch dieses Buch des Propheten auch „das Evangelium des Alten Testaments“. Für jeden Christen ist es wichtig, immer wieder neu zu erkennen, was es den Messias – in Erfüllung der Aussagen dieses 53. Kapitels – gekostet hat, uns zu erlösen, das Lamm Gottes zu werden, das der Welt Sünde trägt.

Sind diese Ausführungen für den Glaubenden eine Stärkung, die ihn fester an Jesus Christus binden, so können sie für den Fragenden und Zweifelnden eine überzeugende Wegweisung zum Heil sein und für jene, die noch auf den Messias warten, die Erkenntnis bringen, daß er gekommen ist und lebt.

Weil heute in der Verkündigung so viele unwichtige Seitenwege beschritten werden, ist es gut, daß dieses Buch in neu bearbeiteter Form die Aufgabe übernimmt, beeindruckend die zentrale Botschaft vom Heiland der Welt zu sagen, von dem Knecht Gottes – wie Jesaja sagt –, auf den Gott die Schuld der Menschheit legte. Gottes Segen begleite die Verbreitung dieser Botschaft.

Hedemünden, im Januar 1987

Gerda Zottmaier

Aber wer glaubt unserer Predigt, und wem wird der Arm des Herrn offenbart? Denn er schoß auf vor ihm wie ein Reis und wie eine Wurzel aus dürrem Erdreich. Er hatte keine Gestalt noch Schöne; wir sahen ihn, aber da war keine Gestalt, die uns gefallen hätte. Er war der Allerverachtetste und Unwerteste, voller Schmerzen und Krankheit. Er war so verachtet, daß man das Angesicht vor ihm verbarg; darum haben wir ihn nichts geachtet.

Fürwahr, er trug unsere Krankheit und lud auf sich unsre Schmerzen. Wir aber hielten ihn für den, der geplagt und von Gott geschlagen und gemartert wäre. Aber er ist um unserer Missetat willen verwundet und um unserer Sünde willen zerschlagen. Die Strafe liegt auf ihm, auf daß wir Frieden hätten, und durch seine Wunden sind wir geheilt.

Wir gingen alle in der Irre wie Schafe, ein jeglicher sah auf seinen Weg; aber der Herr warf unser aller Sünde auf ihn. Da er gestraft und gemartert ward, tat er seinen Mund nicht auf, wie ein Lamm, das zur Schlachtbank geführt wird, und wie ein Schaf, das verstummt vor seinem Scherer und seinen Mund nicht auftut. Er ist aber aus der Angst und Gericht genommen; wer will seines Lebens Länge ausreden? Denn er ist aus dem Lande der Lebendigen weggerissen, da er um die Missetat meines Volks geplagt war. Und man gab ihm bei Gottlosen sein Grab und bei Reichen, da er gestorben war, wiewohl er niemand Unrecht getan hat noch Betrug in seinem Munde gewesen ist.

Aber der Herr wollte ihn also zerschlagen mit Krankheit. Wenn er sein Leben zum Schuldopfer gegeben hat, so wird er Samen haben und in die Länge leben, und des Herrn Vornehmen wird durch seine Hand fortgehen. Darum, daß seine Seele gearbeitet hat, wird er seine Lust sehen und die Fülle haben. Und durch seine Erkenntnis wird er, mein Knecht, der Gerechte, viele gerechtmachen; denn er trägt ihre Sünden. Darum will ich ihm große Menge zur Beute geben, und er soll die Starken zum Raube haben, darum daß er sein Leben in den Tod gegeben hat und den Übeltätern gleichgerechnet ist, und er vieler Sünde getragen hat und für die Übeltäter gebeten. Jesaja 53

Das Evangelium des Alten Bundes

Das Evangelium des Alten Bundes, so hat man das Buch des Propheten Jesaja genannt. Und mit Recht. Wie deutlich zeichnet der Prophet das Bild des Knechtes Gottes, auf den Jehova unser aller Sünde warf, der um unserer Missetat willen verwundet und um unserer Sünde willen zerschlagen wurde! Wie zutreffend ist seine Schilderung von dem Lamm, das zur Schlachtbank geführt wurde und seinen Mund nicht auftat!

Wenn das ganze Buch auf den Messias hinweist, *so ganz besonders das 53. Kapitel,* dieser *„Diamant im Ring“. Golden* ist das *ganze Buch* mit seiner Weissagung von der Rute, die aufgehen werde von dem Stamm Isais, und von dem Sohn, auf dessen Schulter die Herrschaft liegt, dessen Namen lauten: Wunderbar, Rat, Kraftheld, Ewigvater, Friedefürst. Aber das Kapitel *53* mit seiner prophetischen *Schilderung des Leidens und Sterbens und Auferstehens Jesu,* das ist der Diamant in diesem goldenen Ring.

Wie viele Segensspuren hat dieses Kapitel schon gezeichnet. Wie vielen Menschen haben Worte dieses *Kapitels* schon *Wegweiserdienste* getan oder sie *zu Jesus* gebracht! Wie *viele haben sich schon im Glauben* auf die Worte *gestützt:* „Fürwahr, er trug unsere Krankheit und lud auf sich unsere Schmerzen.“ Wie vielen ist schon das *Herz durch das Wort frei und froh geworden:* „Die Strafe liegt auf ihm, auf daß wir Frieden hätten.“

Wenn man die *Geschichte dieses Kapitels* schreiben, wenn man all die *Segnungen* erzählen könnte, die von diesem Kapitel ausgegangen sind – was für ein *wunderbares Buch* würde das werden!

Eine Geschichte zu diesem Kapitel erzählt uns die *Bibel selbst;* darum ist sie *allen bekannt.* Aus dem Mohrenland war der *Kämmerer* der Königin Kandace *nach Jerusalem* gekommen, um dort Antwort auf die Fragen seines Herzens zu suchen. Jedoch die *Schriftgelehrten,* an die er sich wandte, vermochten das *Sehnen* seines *Herzens nicht zu befriedigen. Un-*

verrichteter Sache reiste er wieder ab. Aber er hatte sich etwas mitgenommen: er hatte sich das Buch des Propheten *Jesaja* gekauft. Und nun saß er auf seinem *Reisewagen* und las in diesem Evangelium des Alten Bundes. So kam er auch an das *53. Kapitel*. Er merkte es selber nicht, daß er es *laut* las, so war er in seine Lektüre vertieft. Er merkte es auch nicht, daß ein Mann eine Weile neben seinem Wagen herschritt. *Plötzlich* hörte er sich angeredet: „Verstehst du auch, was du liesest?" „Wie kann ich, so mich nicht jemand anleitet?" Und er *bat* den unbekannten Wanderer, zu ihm auf den Wagen zu steigen. Das tat *Philippus* und hielt dann dem Kämmerer eine gesegnete *Bibelstunde über Jesaja 53. Da fand* der Kämmerer, was er in Jerusalem vergeblich gesucht hatte, und kam zum *Glauben an das Lamm Gottes,* von dem Jesaja geschrieben hatte.

Und noch von einer *anderen Bibelstunde* über Jesaja 53 berichtet uns die Schrift. Zwei Jünger gingen an Ostern von Jerusalem nach *Emmaus*, in ernsten, traurigen Gedanken. Da gesellte sich ein *Fremdling* zu ihnen, der sie nach dem Grund ihrer Trauer fragte. Und als sie dem Unbekannten dann ihr Herz ausgeschüttet hatten, sprach er zu ihnen: „O ihr Toren und träges Herzens, zu glauben alle dem, das die Propheten geredet haben; – mußte nicht Christus solches leiden und zu seiner Herrlichkeit eingehen?" Und er fing an von Mose und *allen Propheten* und legte ihnen alle Schriften aus, die von ihm gesagt waren. Gewiß war das *53. Kapitel* des Jesaja *auch unter den Stellen*, die der auferstandene, lebendige Heiland seinen Jüngern erklärte und auslegte!

Noch eine Geschichte aus der Gegenwart, nur eine von vielen! Pastor Krafft erzählt sie in seinem Büchlein „Der Allerverachtetste".

Ein *jüdischer Rabbiner* las einst mit einem gläubigen Pastor das Alte Testament in der hebräischen Ursprache. Er hatte vorher nur zur *Bedingung* gemacht, daß der Pastor *keinerlei Versuche* mache, ihn für seine Ansicht zu gewinnen. Der Pastor versprach das auch; aber er betete. Sie kamen an Jesaja 53. Sie *lasen es einmal* durch; es war dem Rabbiner ein *unbekannter Abschnitt*. Denn während sonst alle Kapitel in der Synagoge gelesen werden, ist dieses Kapitel von dem Gebrauch in der Synagoge ausgeschlossen. Darum war es dem Rabbiner fremd, und er bat, das Kapitel zum *zweitenmal* zu lesen. Der Jude schien bewegt, aber er sagte nichts. Der Pastor betete im stillen weiter, daß Gott dem Rabbiner dieses Kapitel segnen möchte. Und – der Jude bittet, sie wollten das Kapitel doch zum *drittenmal* lesen. Bei diesem dritten Lesen wird er von der Wahrheit getroffen und überwältigt; er *fragt*, er *weint*, er *betet*, und er *glaubt* an den Messias Israels, den Heiland der Welt. Jesaja 53 hat es ihm angetan.

Das ist mein heißer Wunsch und mein herzliches Gebet, daß auch diese Betrachtungen über das wunderbare Kapitel manchem die Augen öffnen möchten über das Opfer von Golgatha, über den Preis, den Jesus zu unserer Erlösung, für uns gezahlt hat. Möchten auch die Christen, die diesen Text lesen, aufs neue und tiefer als zuvor erkennen: wieviel es ihn gekostet hat, uns zu erlösen!

Eine wehmütige Klage

Aber wer glaubt unserer Predigt? Jes. 53,1

Mit einem *„Aber“ beginnt* das Kapitel. Ein „Aber“ bezeichnet immer einen *Gegensatz*. Was ist das hier für ein Gegensatz? Leider ist es ein trauriger.

Im Vers vorher, im letzten Vers von Kapitel 52, hat Jesaja gesagt: *„Welchen nichts davon verkündigt ist, dieselben werden's mit Lust sehen, und die nichts davon gehört haben, die werden's merken.“* Und dann fährt der Prophet fort: „Aber wer glaubt unserer Predigt, und wem wird der Arm des Herrn geoffenbart?“

Er schaut in die Zukunft, in die *Zeit des Messias*. Er sieht, wie die *Heiden* sich dem Erlöser erschließen, wie sie ihm *huldigen*. Und sie haben doch *nie etwas von ihm gehört!* Zu ihnen ist doch *kein Prophet* gekommen, um sie auf Jesus hinzuweisen! Ihnen ist *nichts verkündigt* worden von dem *Heil* und dem *Heiland!*

Aber Israel! Was hat Israel alles gehört! Durch die *Jahrhunderte* hindurch hat Gott seine Propheten geschickt. Von den Tagen eines *Mose* an hat er immer wieder sein Volk auf den Heiland hingewiesen, der da kommen sollte. *Aber Israel* hat den *traurigen Ruhm* erworben, daß es die *Propheten tötete und steinigte, die zu ihm* gesandt waren.

Und als er kam, der *Verheißene*, als die Zeit erfüllt war, da – *kam er in sein Eigentum, und die Seinen nahmen ihn nicht auf.* Man wollte ihn nicht. Man *stieß ihn hinaus* vor das Lager, man *schlug ihn ans Kreuz*. Die *Heiden beugen sich* vor dem Herrn, und *Israel*, das auserwählte Volk, das Volk des Bundes, *verwirft seinen Messias*.

Das sieht der Prophet, und *darum klagt er: „Aber wer glaubt unsrer Predigt?“*

Und heute? Ist heute nicht auch viel Ursache vorhanden, in die Klage des Propheten einzustimmen? Was für Siegesnachrichten kommen immer wieder *aus der Mission*! Überall sind die *Türen weit offen*. Wie viele Bitten kommen an die Missionare, man möge doch auch dahin und dorthin Lehrer senden. Überall ist ein *Verlangen nach dem Brot des Lebens, nach dem Wort* Gottes erwacht. Es ist gar nicht möglich, durch all die offenen Türen hindurchzugehen. Es fehlt an Arbeitern, um all diese Bitten zu befriedigen, um all diese Wünsche zu erfüllen.

Ja, *es ist wahr, denen nichts verkündigt ist, die sehen es mit Lust, und die nie etwas von Jesus gehört haben, merken es.*

Und in der Heimat? In der sogenannten *Christenheit? Wer glaubt da der Predigt von dem Gekreuzigten?*

Ja, wie viele stehen auf Kanzeln und Kathedern, verkündigen das Wort Gottes vor Großen und Kleinen – und sie glauben selber nicht, was sie sagen. Ihr Wort hat keine Kraft, ihre Verkündigung bringt keine Frucht, weil der Glaube fehlt. Und *wie viele sitzen unter den Kanzeln – und glauben nicht! Ja,* wohl mit dem *Kopf stimmen sie dieser oder jener Lehre zu,* sie *halten* diese oder jene Geschichte *für wahr*; aber wer *glaubt* mit *dem Herzen*? Wer *anerkennt* den König Jesus und gibt ihm Herz und Leben? Bei wie vielen ist das Kirchengehen nur eine Gewohnheit, eine bloße Form, die Erfüllung einer vermeintlichen Pflicht! Man tut sich etwas darauf zugute, daß man so fleißig kommt – aber sich dem Herrn anzuvertrauen, dazu kommt es nicht. Das weiß man nicht, und das wagt man nicht.

Wenn du dieses Buch gerade liest, darf ich dir einmal *ins Auge blicken* und dich leise fragen: *Glaubst du?* Das heißt: Hast du dich schon *dem Heiland anvertraut?* Hast du *Jesus* schon *zu deinem König und Gebieter gemacht?* Hast du ihm schon den *Treueid geschworen?* Wenn du das nicht getan hast, wenn du keine rechte Antwort weißt auf meine Fragen – willst du dich nicht *jetzt Jesus Christus, dem Herrn anvertrauen?* In *wie vielen Predigten* hast du schon *gesessen,* wie *oft* hast du schon *Gottes Wort gehört* – und doch hast du dich noch nicht dem Herrn ergeben? Was für eine *Verantwortung* lädst du auf dich, wenn du immer hörst und hörst – und wirst doch *kein Täter des Wortes*! Ich bitte dich, lies nicht weiter, ehe du deine Hand in die für dich durchbohrte Hand Jesu gelegt hast! Tu es jetzt gleich!

Und wenn so viele nicht glauben, die in den Kirchen und

Versammlungen sitzen, *was soll ich von denen sagen*, die *nie unter Gottes Wort kommen,* die mit *allem fertig* sind, für die alles „ein überwundener Standpunkt" ist? Was soll ich sagen?

Der Däne Sören Kierkegaard hat einmal gesagt: *Die größte Lüge in der Welt ist das Wort „Christenheit".*

Ja, man nennt sich nach dem Namen Christi, man nennt sich evangelisch – aber wer glaubt unserer Predigt?

Darum, mein Bruder, meine Schwester, willst du nicht *betende Hände aufheben*, um *Fürbitte* zu tun für die armen Menschen, die *fern von Gott dahinleben* und *dahinsterben ohne Trost, ohne Hoffnung, ohne Heiland?* Willst du dir nicht die Last der Verantwortung aufs Herz legen lassen, für eine *sterbende und verderbende Welt einzutreten?* Ach, geh doch nicht mehr so kalt, so fremd an den unbekehrten und ungeretteten Menschen deiner Umgebung vorbei! *Denke doch, sie gehen ins Verderben! Erbarme dich ihrer! Sage ihnen,* daß in Jesus Heil, Leben und Seligkeit ist!

Und wenn *nur ein Mensch durch dich gerettet würde!*
Eine Seele hat einen ungeheuren Wert in den Augen des Herrn. Sie gilt ihm mehr als die ganze Welt! Sagt er doch: „Was hülfe es dem Menschen, so er die ganze Welt gewönne und nähme doch Schaden an seiner Seele?"

Darum hilf doch mit, daß die wehmütige Klage verstummt: „Aber wer glaubt unserer Predigt?"

Ergriffen

Und wem wird der Arm des Herrn geoffenbart? Jes. 53,2

Wie blind war doch *Israel*, daß es den Arm des Herrn nicht sah und erkannte! *Welche großen Taten* hatte doch der *Arm des Herrn* in Israel getan! Von jenem Tage an, da Gott sein Volk *aus Ägypten führte* und es trockenen Fußes durchs Rote Meer brachte! Wie hat sich immer wieder der Arm des Herrn geoffenbart! Bald gab er *Wasser aus dem Felsen,* bald *Manna vom Himmel.*

Und Israel?

Es hat *nicht auf den Arm des Herrn geachtet!*

Wenn eine *neue Schwierigkeit* und *Verlegenheit* kam, dann dachte man nicht an die so oft erfahrene Hilfe, dann *vertraute* man *nicht auf den starken und treuen Arm des Herrn, sondern* man *murrte* und *haderte* mit Gott.

Darum war das Ende, daß sich der Arm des Herrn zum Gericht erhob. Von dem ganzen großen Volk, das aus Ägypten zog, kamen nur zwei Männer ins gelobte Land: Josua und Kaleb. Alle anderen waren in der Wüste niedergeschlagen. Der Arm des Herrn!

Und *immer wieder reckte* Jehova den *Arm* aus, um *seinem Volk zu helfen,* um es aus *Finsternis* und *Verderben herauszuholen.* Aber – *wem wurde der Arm des Herrn geoffenbart?*

Wie *gütig* hat Jehova in *Christus Jesus seinen Arm ausgereckt*, um das *gefallene, verlorene* Menschengeschlecht aus der *grausamen Grube* und aus dem *Schlamm herauszuheben*, um die versinkenden Füße auf den Felsen der Errettung zu stellen. Aber – *wem wurde der Arm des Herrn geoffenbart? Wer erkannte in Jesus den Arm der ewigen Liebe?*

Wohl, ein *paar Menschen* gab es, die erkannten den Arm des Herrn. Als *Simeon im Tempel* das Jesuskindlein auf die Arme nahm, da erkannte er, daß Gott seinen Arm ausgereckt hatte, um den armen Menschenkindern zu helfen. Da pries er Gott: „Herr, nun läßt du deinen Diener in Frieden fahren, wie du gesagt hast, denn meine Augen haben deinen Heiland gesehen!"

Und außer ihm *noch etliche Juden, die auf den Trost Israels warteten; aber die große Menge, das Volk* als solches *erkannte den Arm Gottes nicht.*

Und wie sieht es bei dir aus, *hast du ihn schon erkannt?* Hast du es schon *gemerkt, wie Gott in Christus Jesus seinen Arm* nach dir *ausgestreckt hat?* Hat er dich schon *ergriffen*? *Vielleicht* bist du schon aus einer *Predigt* oder aus einer Versammlung gekommen mit dem Bekenntnis: „*Es hat mich so ergriffen*!" Sieh, das hat gar keinen Wert. Wenn „*es*" dich ergreift, das hat *gar keine Bedeutung.* Aber wenn „*er*" dich ergreift, das ist *etwas anderes.* „Wenn „*es*" dich ergreift, so gehen *Gefühle, Rührungen, Stimmungen* durch dein Herz. Aber das ist *nichts Bleibendes.* Wenn „*er*" dich aber ergreift, das *ist etwas für die Dauer.*

Als *Saulus von Tarsus vor den Toren von Damaskus* von dem Arm des Herrn *ergriffen* wurde, da war er *fortan sein Eigentum.* Dieser Augenblick entschied über sein Leben.

Denn: „Was er liebt, das liebt er ewig; was er hält, das hält er fest." Saulus war ergriffen, und der Herr ließ ihn nicht wieder los.

Bist du auch schon ergriffen worden – von ihm?

Aber es gibt Menschen – wenn die merken, daß der Arm des Herrn sie ergreifen will, dann *entziehen* sie sich ihm. Sie *entfliehen* ihm. Sie *wollen sich nicht ergreifen lassen. Wie töricht ist das!* Wie *traurig* ist das!

Ich habe es einst auch so gemacht. Ich habe mich dem Arm des Herrn entzogen. Wie habe ich es nachher bedauert, soviel kostbare Zeit verloren zu haben. Wie muß man dann nachher klagen:

„Ach, daß ich dich so spät erkennet,
du hochgelobte Schönheit du,
und dich nicht eher mein genennet,
du höchstes Gut und wahre Ruh!
Es ist mir leid, ich bin betrübt,
daß ich so spät geliebt!"

Darum, wenn du es bisher auch noch so gemacht hast, dann bitte ich dich: *Entziehe dich dem Arm Gottes nicht mehr!* Er will dich *herausheben aus der Sünde* und dem *Jammer* und will dich auf den Felsen der ewigen Gnade stellen!

Nicht wahr, du hast den *Arm Gottes schon gemerkt?* Vielleicht war es eine *Predigt,* in der er sich dir offenbarte, in der Gott Absichten auf dich und auf dein Leben hatte. Oder er legte dich auf ein *Krankenbett.* Oder er stellte dich an ein *Grab.* Auf die *verschiedenste Weise* offenbarte sich schon der Arm Gottes in deinem Leben, davon bin ich überzeugt. Aber ob er dich schon ergriffen hat –?

Der Herr bewahre dich davor, daß du jetzt bei dieser Erinnerung an dein vergangenes Leben wieder „es“ und „er“ verwechselst! Es liegt mir gar nichts daran, daß du von diesem Buch sagst: „Es hat mich so ergriffen!“, sondern darauf kommt es mir an, und darauf kommt es dem Herrn Jesus an, daß du endlich sagen kannst: „Er hat mich ergriffen!“

Ein offenes Bekenntnis

Denn er schoß auf vor ihm wie ein Reis und wie eine Wurzel aus dürrem Erdreich. Er hatte keine Gestalt noch Schöne; wir sahen ihn; aber da war keine Gestalt, die uns gefallen hätte.
Jes. 53,2

„Wir sahen ihn, – aber da war keine Gestalt, die uns gefallen hätte." Ein offenes Bekenntnis, in dem sich der Prophet mit dem Volk Israel zusammenschließt.
Warum mißfiel denn seine Gestalt dem Volk so sehr? Weil er, wie Paulus an die Philipper schreibt, Knechtsgestalt angenommen hatte.

Den *Grund des Mißfallens* gibt der Prophet mit den Worten an: *„Er schoß auf vor ihm* – vor Gott – *wie ein Reis und wie eine Wurzel aus dürrem Erdreich.*"

Nicht wie eine Zeder auf dem Libanon, nicht wie ein *Palmbaum* in der Wüste, nein, *wie ein Reis* schoß er auf, und zwar, wie Jesaja im 11. Kapitel sagt, wie ein Reis, eine Rute „von dem Stamm" Isais, wie ein Zweig „aus seiner Wurzel".

Es war wohl ein *königlicher Stamm,* der Stamm Isais; aber er war *längst abgehauen. Die Königsherrlichkeit Davids war dahin! Jetzt* war nur noch eine *abgehauene Wurzel* übrig von dem Hause Davids. Die *jetzigen Nachkommen der Königsfamilie* waren *schlichte, arme Leute.* Ein Handwerksmann, ein armes Mädchen aus dem Volk, das waren die Vertreter des Hauses Davids: ein abgehauener Stamm.

Dieser Stamm trieb einen Schoß. *Als das kleine Kind armer Leute trat der Sohn Gottes in die Welt ein.* In der offenen Halle einer Karawanserei wurde er geboren. In einer *Futterkrippe* für das Vieh, *auf Heu und auf Stroh,* da war *sein Lager. Wie armselig* war das! Da war *keine Gestalt, die dem Volk gefallen hätte.*

Wohl beugten die *Hirten* ihre Knie vor dem Kindlein, *wohl* kamen die *Weisen* von weither, um es anzubeten; *aber für die große Menge* war es eine *Enttäuschung.* Sie hatten sich *ganz andere Vorstellungen* gemacht. Sie hatten etwas ganz anderes erwartet. Sie hatten *von dem Wiederaufrichten des Reiches Israel geträumt* – aber nun *dieses arme kleine Kind?*

Und als er ein Mann geworden war – *dieselbe Armut.* Wenn ich dich fragen würde: wo wohnst du?, dann hättest du darauf sofort eine Antwort. Aber wenn man Jesus gefragt hätte: wo wohnst du?, dann hätte die Antwort gelautet: Nirgends! *Des Menschen Sohn hatte nichts, wo er sein Haupt hinlegen konnte.*

Manchmal fand sich *ein Haus,* das sich ihm *gastlich* erschloß, so z. B. das Haus der Geschwister in Bethanien, des Zöllners Zachäus in Jericho, aber *manchmal* kam er *auch vor verschlossene Türen.* Als er einst durch *Samaria* reiste und die Jünger Herberge für ihn ausmachen wollten, da wurde die Tür vor ihnen zugeschlagen. Man wollte ihn nicht, weil er sein Angesicht gewendet hatte, nach Jerusalem zu gehen (Luk. 9, 53). Und da lag denn der Eingeborne vom Vater unter dem Nachttau des Himmels.

Und *sein Sterbebett – das Kreuz! Verlassen* von den *Scharen*, die ihm nachgefolgt waren, *verlassen* sogar von den *Jüngern,* die er berufen, so hing er da. Nur *ein Jünger,* der bei ihm aushielt in dieser Stunde, um die trauernde Mutter zu stützen.

Das war *keine Gestalt*, *die den Juden gefiel*, dies *Marterbild am Kreuz*. *Mit Entrüstung* und *Abscheu wandte man sich davon ab*.

Und wenn seine Gestalt für Israel *nichts Anziehendes* hatte, so ebenso *auch für die übrige Welt.* „*Wie eine Wurzel aus dürrem Erdreich*" wuchs er auf. Das „*dürre Erdreich*" ist *Israel.* Wie *traurig* stand es um das Volk Israel in jener Zeit. *Zertreten von dem ehernen Fuß Roms* lag es am Boden, *unter dem Joch der Fremdherrschaft* seufzend. Die alten Träume von Glück und Glanz, von Macht und Herrschaft waren ausgeträumt. In Jerusalem und anderen Städten lagen römische Besatzungen; das Land war eine römische Provinz.

Der *einst so lebendige Glaube der Väter war im Gesetzesdienst und Formelwesen erstarrt* und *erstorben*. In Haarspaltereien und Spitzfindigkeiten gefielen sich die Gelehrten, die dem Volk Steine gaben statt Brot.

Ein *dürres Erdreich*! Das *verachtete Volk* und Land war – das Volk der Juden. *Und dem gehörte Jesus an*!

Ja, wenn er in Rom geboren wäre, der Hauptstadt der damaligen Welt! Ja, wenn er *in Griechenland* aufgetreten wäre, dem Land der Kunst und Wissenschaft! Aber in Israel!

Durch nichts konnte der Heiland sich seinen Weg so erschweren, als dadurch, daß er ein Glied des Volkes Israel war, daß er als ein Jude auf die Welt kam!

Wir sahen ihn – so bekennt Jesaja – *aber da war keine Gestalt, die uns gefallen hätte.* – Ein offenes Bekenntnis.

Muß ich nicht wieder sagen: *Gerade wie heute!?* Gehen nicht auch heute *viele, viele am Christentum vorüber,* weil Jesus ihnen *zu gering, zu unscheinbar* ist, weil *seine Gestalt ihnen mißfällt*? Den Sittenlehrer, den Weisheitsprediger, den wollen manche wohl gelten lassen, aber seine jungfräuliche Geburt wollen sie streichen, und von der Theologie des blutigen Opfertodes wollen sie nichts wissen, *das Kreuz* ist ihnen *ein Dorn im Auge*.

Gab es auch *in deinem Leben* so eine Zeit, wo dir seine Gestalt mißfiel? Ist es auch dein offenes Bekenntnis, wie es das meine ist: „Wir sahen ihn, aber da war keine Gestalt, die uns gefallen hätte"?

Wir sahen ihn – das ist die *Form der Vergangenheit. Ist es bei dir Vergangenheit,* daß du keinen Blick hattest für den Heiland? Oder ist es gar noch so in der *Gegenwart*?

Es gibt *nichts Traurigeres in der Welt als ein Leben ohne Jesus Christus. Wie viele* gehen durch die Welt mit *einem unbefriedigten Herzen, tief unglücklich,* mit einem *Verlangen nach Gück und nach Frieden* – und sie wissen nicht, was ihren „Weltschmerz" heilen könnte. Sie *suchen das Glück hier und dort,* und sie finden es nicht, weil sie es nicht da suchen, wo es allein zu finden ist, bei Jesus.

Wie kehrt dann ein *tiefer Friede, ein tiefes Glück* in dem unruhigen, friedlosen Herzen ein, wenn Jesus der Mittelpunkt des Lebens geworden ist, der Wichtigste!

Ich kannte einen Mann, der mir nahestand. Er war immer ein frommer, gottesfürchtiger Mann gewesen. Die Bibel hatte immer einen Platz auf seinem Schreibtisch gehabt. Er hatte immer Hausandacht mit den Seinen gehalten. Er war immer gewissenhaft und treu in seinem Beruf gewesen. Aber – nicht bekehrt. Erst im Alter, da ergab sich dieser fromme, treue

Mann wie jeder gewöhnliche Sünder dem Heiland, da kam er als verlorener Sohn ins Vaterhaus.

Drei Lebensjahre schenkte ihm Gott noch. Und was hat der Herr in diesen drei Jahren aus ihm gemacht: ein Denkmal der Gnade wurde dieser Mann im Leben – und im Sterben!

Wohl infolge eines unglücklichen Falles erkrankte er und bekam eine Entzündung des Rückenmarks. Alle Nerven, die von dieser Stelle ausgingen, starben ab. So verlor er völlig die Bewegungsfähigkeit seiner Beine und kam fest zum Liegen.

Er war nicht zu Hause, als sein Leiden sich so verschlimmerte, daß er nicht mehr aufstehen konnte. In einer Krankenbahre wurde er in die Heimat geschafft. Als er durch die kleine Öffnung, die sich in dem Überzug seiner Bahre befand, hinausblickte, sagte er: „Wie gut ist es doch, wenn man ein Fenster offen hat nach Jerusalem!“

Ein Professor wurde zur Untersuchung herbeigerufen. Als der kam, sang der Kranke gerade mit seiner Pflegerin zusammen: „Nahe bei Jesu, o Leben so schön! Seliges Wandeln auf sonnigen Höhn!“ „Sie sehen, Herr Professor, wir wandeln hier auf sonnigen Höhen!“ Und dabei wurde er von maßlosen Schmerzen gefoltert. Die entzündeten Nerven erweckten die Empfindung, als ob er in einem Panzer stecke, der immerfort fester und fester geschraubt würde.

Im Krieg hatte er in mancher Schlacht unerschrocken dem Tod ins Auge gesehen. Aber jetzt kamen Augenblicke, wo er das Taschentuch über das Gesicht legte, damit die Seinen die Tränen nicht sähen, die gegen seinen Willen wegen der großen Schmerzen flossen.

Bei solch einem Leiden von sonnigen Höhen singen und sagen – das ist ein Beweis, was Jesus vermag.

Ja, wem die Augen für ihn aufgehen, wer ihn in guten Tagen und in schweren Zeiten kennenlernt, der bekennt mit dankbarem Herzen:

Ich hab einen herrlichen Heiland,
der hilft mir, wo immer ich geh.

Ein Hindernis

Er war der Allerverachtetste und Unwerteste, voller Schmerzen und Krankheit. Er war so verachtet, daß man das Angesicht vor ihm verbarg; darum haben wir ihn nichts geachtet.
Jes. 53,3

„Er war der Allerverachtetste und Unwerteste“, sagt der Prophet. *Und gewiß hat er recht. Verachtet, verspottet sind auch andere Knechte Gottes gewesen.* Aber *er* war der *Allerverachtetste* und *Unwerteste.* So, wie man mit ihm umging, so ging man sonst mit keinem um.

Da steht Jesus *im Verhör vor dem Hohen Rat.* Sie sprechen ihm das *Urteil*: „Er ist *des* Todes schuldig.“ Und dann *vergessen* sich die Priester und Hohenpriester so weit: „Da spien sie aus in sein Angesicht und schlugen ihn mit Fäusten. Etliche aber schlugen ihn ins Angesicht und sprachen: Weissage uns, Christus, wer ist's, der dich schlug?“ (Matth. 26,67. 68). Wenn das die *römischen* Soldaten getan hätten, das könnte man noch *entschuldigen.* Aber es waren *die höchsten geistlichen Würdenträger des Volkes*, es waren die *Hüter des Gesetzes*, die *Vertreter der Religion!* Und die vergessen sich so weit, ihm ins Angesicht zu schlagen, ja, ihm ins Gesicht – zu speien!

Wenn das die Priester taten, ist es dann ein Wunder, daß die *Soldaten* auch *mit Wonne ihren Mut an ihm kühlten?*

Als Pilatus Jesus ihren Händen überließ, daß er *gegeißelt* würde, wie *unbarmherzig* haben sie den Auftrag ausgeführt! Im 129. Psalm steht ein Wort, das heißt: „Die Pflüger haben auf meinem Rücken geackert und ihre Furchen lang gezogen.“ Was für ein Ackerfeld – der Rücken des Sohnes Gottes! Lange, blutige Furchen ziehen die Geißelhiebe. Bald ist die *Haut zerfetzt,* der *Rücken zerfleischt* – eine blutende Wunde!

Eine blutige Lache bezeichnet auf den Fliesen des Bodens den Platz, wo es gestanden, das Lamm Gottes.

Der *Allerverachtetste und Unwerteste!*

Und die Soldaten machten ihn noch mehr zu dem Verachtetsten. Sie veranstalteten eine *schändliche Maskerade* mit ihm. Sie legen ihm um den zerschlagenen Rücken, um die blutenden Schultern einen *alten Soldatenmantel*, sie geben ihm einen *Stab* in die Hand, sie drücken ein Geflecht aus Dornen als *Krone* ihm aufs Haupt – und dann beugen sie die Knie vor ihm und spotten: „Gegrüßet seist du, der Juden König!"

Als sie sich auf diese Weise genug belustigt haben, *speien sie ihm ins Gesicht*, nehmen ihm den Stab aus der Hand und *schlagen* ihm damit aufs Haupt, um die Dornenkrone so recht fest und tief in seine Stirn zu drücken.

Blut fließt aus den Wunden, welche die Dornen gerissen haben, Speichel fließt über sein Gesicht, das verschwollen ist infolge der Faustschläge, die man ihm gegeben.

Du edles Angesichte, davor sonst schrickt und scheut
das große Weltgewichte, wie bist du so bespeit,
wie bist du so erbleichet, wie ist dein Augenlicht,
dem sonst kein Licht nicht gleichet,
so schändlich zugericht!

Der *Allerverachtetste und Unwerteste!*

Und dann hängt er am Kreuz, nackt und bloß, der Schande preisgegeben, gerichtet, geächtet. Sind seine Gegner nun zufrieden? Jetzt haben sie doch ihren Willen bekommen! Nein, *immer noch umgeben sie ihn mit ihrem Hohn*. Noch können sie ihm *keine Ruhe* lassen. Da stehen die *Hohenpriester*, die es heute nicht für unter ihrer Würde gehalten haben, den Richtplatz aufzusuchen, da stehen sie und *spotten* mit den Schriftgelehrten und Ältesten um die Wette: „Andern hat er geholfen und kann sich selber nicht helfen! Ist er der König Israels, so steige er nun vom Kreuz, so wollen wir ihm glauben. Er hat Gott vertraut, der erlöse ihn nun, hat er Lust zu ihm; denn er hat gesagt: Ich bin Gottes Sohn!"

Jetzt noch keine Ruhe, obwohl er da hängt, blutend, sterbend, unter die Übeltäter gerechnet!

Sonst ist es still um ein Sterbelager her. Da verstummen die lauten Geräusche angesichts der Majestät des Todes. *Hier nicht!* Sonst sucht man einem Sterbenden *die letzten Stunden zu erleichtern*, man wischt ihm den kalten Schweiß von der Stirn, man netzt die verschmachtenden Lippen, man rückt ihm die Kissen zurecht – *hier nichts von alledem. Er war der*

Allerverachtetste und Unwerteste, er war so verachtet, daß man das Angesicht vor ihm verbarg.

„Voller Schmerzen und Krankheit“, sagt der Prophet. Wie das *Blut stockt* in den ausgerenkten Gliedmaßen! Wie das *Herz beklemmt* und beängstigt wird! Wie das *Wundfieber* den armen, zerschlagenen Leib durchrast! Wie die Fliegen sich in die offenen Wunden setzen! Wie die *Nägelmale schmerzen*, weil das Gewicht des Körpers an den Nägeln hängt! Wie die Zunge verschmachtet! Wie der Gaumen verdorrt!

Voller Schmerzen und Krankheit.

Aber noch größer, noch tiefer als der Schmerz des Leibes ist der *Schmerz der Seele*, das Mitleiden mit dem armen verblendeten Volk, mit den blinden Blindenleitern. Und dann kommt der Schmerz, der *tiefste Schmerz*, daß ihm der Feind den Blick auf den Vater verdunkelt, daß er *zum erstenmal seinen Vater nicht mehr sehen kann.* Das ist *Seelenqual*, das ist *Höllenangst*. „Mein Gott, mein Gott, warum hast du mich verlassen?“

Der Allerverachtetste und Unwerteste, voller Schmerzen und Krankheit, so verachtet, daß man das Angesicht vor ihm verbarg!

Es ist ein Gekreuzigter, dem wir folgen. Und der hat all den Seinen *vorausgesagt: „Hat die Welt mich gehaßt, so wird sie euch auch hassen; der Jünger ist nicht über seinen Meister.“* Und sein Wort wird *wahr*, auch heute noch, inmitten der Christenheit.

Wer sich zu Jesus bekehrt, der macht Bekanntschaft mit dem Hohn und dem Spott. Der wird *verachtet,* der wird *verspottet,* der wird *verfolgt.* Daß so etwas möglich ist im sogenannten christlichen Abendland! Aber es geschieht – alle Tage. Da stellen sich Eltern *den eigenen Kindern in den Weg*, wenn sie, durch irgendein Wort erweckt, sich für Christus entscheiden wollen. *Da hindern Männer ihre Frauen* und verbieten ihnen, in die Kirche oder in die Bibelstunde zu gehen. So verachtet ist Jesus noch heute. Man baut „Erlöserkirchen“ und „Heilandskapellen“, und man verfolgt jene, die dem Erlöser ihr Leben übergeben.

Und – das ist für viele ein Hindernis – sie sind überzeugt, daß Jesus die Wahrheit und das Leben ist, aber sie fürchten sich vor dem Spott der Leute und vor dem Gerede der Menschen.

Wenn sie ihn nur einmal anblickten in seiner Schmach und Schande und sich *klar machten: „Das tat er für mich*!“ Wenn es ihnen doch deutlich werden möchte: *„Er gab sein Leben für mich“*, damit sie sich ihrer Feigheit und ihrer Menschenfurcht schämten.

Ist seine Verachtung und Schmach für dich – ein Hindernis, es mit ihm zu halten?

Er trug!

Fürwahr, er trug unsere Krankheit und lud auf sich unsere Schmerzen. Wir aber hielten ihn für den, der geplagt und von Gott geschlagen und gemartert wäre.
Jes. 53,4

Er war *der Allerverachtetste und Unwerteste,* so hat der Prophet zuvor gesagt. *Verachtet* sind die *Propheten* und *andere Knechte* Gottes auch gewesen. *Jesus* war der *Allerverachtetste.*

Warum das?

Auch andere haben den *Tod durch Henkershand erlitten.* Und sie sind *getrost, standhaft* und *mutig* in den Tod gegangen. *Jesus* aber hat *gezittert* und *gezagt*, seine Seele war betrübt bis an den Tod. Ihm war so bange, wie er selber sagt.

Warum das?

War er weniger ein Held als die *Märtyrer*, die um ihres Glaubens willen ihr Leben gelassen haben? *Gewiß nicht. Sondern dies ist der Grund: Er trug unsere Krankheit und lud auf sich unsere Schmerzen.*

Schon während seines Erdenwandelns hat er die *Krankheiten der Menschen getragen. Matthäus* erzählt uns (Kap. 8,16) davon, *wie viele Besessene* und *Kranke* man zu ihm brachte. Und er trieb die *Geister* aus mit Worten und machte allerlei Kranke gesund. Und darin sieht er die Erfüllung des Prophetenwortes: „Auf daß erfüllt würde, das gesagt ist durch den Propheten Jesaja, der da spricht: Er hat unsre Schwachheiten auf sich genommen und unsre Seuchen hat er getragen."

In helfender und geheimnisvoller Weise hat er die *Krankheiten*, die er andern abnahm, *auf sich genommen*. Das sehen wir auch aus der *Geschichte von dem blutflüssigen Weib*, das sich an ihn herangedrängt und den Saum seines Gewandes berührt hatte. Da fragte er: „Wer hat mich angerührt?" Die Jünger finden diese Frage sonderbar, weil er so umdrängt wird. Aber er hat gefühlt, daß durch die Berührung der Kranken eine Kraft von ihm ausgegangen ist. Um sie zu heilen, mußte er etwas von seiner Kraft hingeben und ausströmen lassen.

Ein wunderbarer Arzt, der dadurch die Kranken heilt, daß er sich mit ihren Krankheiten belädt!

Aber es sind *nicht nur* die *verschiedenen einzelnen Krankheiten*, die er auf sich genommen hat, er hat das *Übel bei der Wurzel angefaßt.* Und aller Krankheiten *tiefste Wurzel* ist die *Sünde.* Aus dieser Wurzel sind doch im letzten Grunde alle Krankheiten und Schmerzen erwachsen. Solange die Sünde nicht in der Welt war, gab es auch keine Schmerzen, kein Leiden, keinen Tod. Das *Heer der Schmerzen*, die Bitterkeit des Todes, *das alles* kam erst als eine *Folge der Sünde* in die Welt.

Darum hat er sich nicht damit begnügt, die Krankheiten zu heilen, sondern er ging gründlicher zu Werk: *Er lud unsere Sünden auf sich.*

Was für eine Last, die er trug!

Denk einmal, *wieviel du zu dieser Last beigesteuert hast!* Weißt du es, wieviel?

Ein gläubiger Vater sprach mit seinem etwa vierzehnjährigen Sohn über die Notwendigkeit der Bekehrung. Der meinte, das sei für ihn doch noch nicht nötig, er sei doch noch so jung; er habe doch noch nicht viele Sünden getan.

Da fragte ihn der Vater: „Hast du wohl heute eine Sünde in Gedanken begangen – durch Lieblosigkeit oder Unfreundlichkeit oder Bitterkeit oder dergleichen?“ Das bejahte der Sohn.

„Hast du vielleicht auch eine Sünde mit Worten begangen?“ Das gab der Sohn auch zu.

Der Vater fragte weiter: „Vielleicht hast du auch eine Sünde getan heute?“ Auch diese Frage bejahte der Sohn.

Das Fragen ging weiter. „Meinst du wohl, daß das durchschnittlich jeden Tag so geht – eine Sünde in Gedanken, eine in Worten, eine mit der Tat?“ Der Sohn antwortete, immer noch lächelnd auf dieses Rechenexempel, das würde wohl sehr knapp gerechnet sein. Es würden wohl mehr Sünden auf den Tag kommen.

„Nun, wir wollen einmal annehmen, es seien täglich nur

drei Sünden, von jeder Art eine. Wieviel macht das im Jahr?"

„Über 1000!"

„Richtig! Und nun nimm die Zahl deiner Jahre und multipliziere damit. Die ersten Jahre sollen einmal weniger Sünden gehabt haben, aber du sagst, für die letzten sei es knapp gerechnet. Das gleicht sich dann aus. Also, wieviel Sünden hast du nach dieser einfachen und nicht übertriebenen Rechnung getan?"

„Vierzehntausend!"

Der Vater brach das Gespräch ab. Aber der Sohn konnte seine Gedanken nicht von dieser Unterredung ablenken, immer wieder stand ihm diese Zahl vor der Seele.

Es war in der Nacht, da wurde der Vater geweckt. Sein Sohn stand an seinem Bett. „Vater, du mußt mit mir beten; ich kann es nicht aushalten, ich habe vierzehntausend Sünden getan."

Da hatte er erkannt, welch einen Beitrag er zu der Last, die Jesus trug, geliefert hatte.

Hast du das auch schon erkannt? Ist dir das *schon so zum Bewußtsein gekommen,* daß es *die Last auch deiner Sünden war, die ihn zu Boden drückte?*

Sieh, wie er *in Gethsemane* auf dem Angesicht liegt! Wie *sein Schweiß* wie *Blutstropfen* auf die Erde fällt! Das ist die *Last der Sünde, die ihn bedrückt.* Höre, wie er einmal über das andere ruft: *„Mein Vater*, ist es möglich, so gehe dieser Kelch an mir vorüber!" Das war die Last der Sünde, die ihn bedrückte. Und da war *deine mit dabei.*

So wie einst der Hohepriester am großen Versöhnungsfest die Sünden des Volkes Israel auf den „Sündenbock" übertrug und ihn dann hinausstieß in die Wüste, so warf Jehova unser aller Sünden auf ihn. So ging Jesus als *das Lamm Gottes* dahin, *das der Welt Sünden trug*, das der Welt Sünden *wegtrug*, wie es wörtlich übersetzt heißt.

Er trug sie – wie Petrus schreibt – an seinem Leib *hinauf auf das Holz des Kreuzes.* Da wurden sie *gerichtet*, da waren sie *abgetan*. Da *wurde die Erlösung – vollbracht!*

Er trug! Darum laß dir sagen: *Wenn er sie trug, dann brauchst du sie nicht mehr zu tragen.* Wenn er sie wegtrug, dann brauchst du dich *nicht mehr damit zu schleppen* – dann darfst du *aufatmen*, von der Last befreit! Dann mußt du ihm *danken* für das, was er getan! Dann bist du ihm Hingabe schuldig, weil er sich für dich hingegeben hat.

Sollte nicht alle Welt *voll Dankbarkeit zu den Füßen des Kreuzes sinken: Er trug unsere Krankheit und lud auf sich unsere Schmerzen! Ja*, das sollte man denken, *aber – Undank ist der Welt Lohn.* Als Jesus die *zehn Aussätzigen* geheilt hatte, da war nur einer, der wiederkam und ihm dankte.

Jesus hat die Sünden aller Welt getragen – und *wo ist der Dank? Wie klein ist die Zahl derer*, die schon in Wahrheit gekommen sind, um zu sagen : *„Ich danke dir von Herzen, o Jesu, liebster Freund, für deine Todesschmerzen, da du's so gut gemeint!“* Und die *große Menge geht an dem Lamm Gottes vorbei, gleichgültig, gedankenlos,* wohl gar *spottend* und *lachend*.

Das sieht der Prophet voraus. Darum schreibt er die Worte: *„Wir aber hielten ihn für den, der geplagt und von Gott geschlagen und gemartert wäre.“*

Ja, dafür hielt ihn Israel. Und dafür hält ihn *Israel bis auf diesen Tag*. Für einen *Volksverführer*, für einen *falschen Propheten*, den das *Gericht Gottes ereilt* hat auf Golgatha, der am Kreuz die *gebührende Strafe* erlitt für den Schaden, den er dem Volk Israel getan.

Wofür hältst du ihn? Hältst du ihn auch für einen, den Gott gerichtet hat? *Oder* weißt du es: *„Fürwahr, er trug unsre Krankheit und lud auf sich unsre Schmerzen“ –?*

Wer ist schuld?

Aber er ist um unserer Missetat willen verwundet und um unserer Sünde willen zerschlagen. Jes. 53,5

Was hat denn Jesus getan, daß er *so schändlich behandelt* wird? Verwundet, *geschlagen* hängt er am Kreuz. Er ist gerichtet. Er ist *ausgestoßen. Was hat er denn Böses getan?* Wir wollen seine Gegner fragen, die werden es uns sagen können.

Wir wollen den *römischen Landpfleger* fragen, der das Urteil über ihn gesprochen hat. Der wird es ja wissen, warum dieser Mann schuldig gewesen ist.

„Pilatus, was denkst du über Jesus?"

Und er antwortet: *„Ich finde keine Schuld an ihm"* (Joh. 19,4. 6; Luk. 23,4). Und dann läßt er Wasser kommen und „wäscht seine Hände in Unschuld".

Wie urteilt Procula, die *Gemahlin des Landpflegers*, die heidnische Römerin, über Jesus? Sie schickt ihrem Gatten Botschaft und läßt ihm sagen: *„Habe du nichts zu schaffen mit diesem Gerechten*; denn ich habe diese Nacht viel im Traum erlitten um seinetwillen." „Dieser Gerechte" – das ist ihr Urteil.

Aber *Judas* wird uns sagen, was Jesus getan hat. Er hat ihn ja verraten. Er hat ihn ja an die Feinde verkauft. „Judas, was denkst du über Jesus?"

„Ich habe übel getan, daß ich unschuldig Blut verraten habe", stöhnt er als Antwort. Und dann geht er hin, verzweifelt über seine Tat, und erhängt sich.

„Unschuldig Blut", sagt Judas.

Der *Hauptmann,* der die Hinrichtung geleitet hat, der wird es vielleicht wissen, was es mit Jesus ist, warum er gerichtet worden ist.

Aber der Hauptmann spricht: *„Wahrlich, dieser ist ein frommer Mensch und Gottes Sohn gewesen!"*

Das ist das Urteil seiner Feinde, seiner Henker. Sie finden keine Schuld an ihm.

Es ist wahr: Niemand kann ihn einer Sünde zeihen. Niemand.

Auch die *Hohenpriester* nicht. Denn was sie ihm vorwerfen: *„Er hat gesagt, er sei Gottes Sohn“* – war das denn nicht lautere Wahrheit?

Er hat niemandem je Böses getan. Es ist nie ein Betrug in seinem Mund erfunden.

Dann war sein Tod also ein Justizmord? Jawohl, sein Tod war ein Justizmord. Der Landpfleger hat gewußt, daß Jesus unschuldig war, und er hat ihn doch aus Furcht vor den Juden verurteilt. Das nennt man einen Justizmord, wenn ein Unschuldiger verurteilt und bestraft wird.

Aber der Tod Jesu war doch noch etwas anderes als ein Justizmord, als eine Ungerechtigkeit.

Der Prophet sagt uns: „Er ist um unserer Missetat willen verwundet und um unserer Sünde willen zerschlagen.“

Das ist *der tiefste Grund seines Leidens und Sterbens: „Um unsertwillen.“*

Der *Dichter* hat recht, wenn er sagt:

„Ich, ich und meine Sünden,
die sich wie Körnlein finden
des Sandes an dem Meer,
die haben ihm erreget
das Elend, das ihn schläget,
und das betrübte Marterheer.“

Um unsertwillen!

Ich las aus früherer Zeit folgende Geschichte:

„Die „Marieliese“, ein schönes neues Segelschiff, befand sich auf ihrer ersten Reise von Bremen nach Valparaiso; alles war bisher günstig verlaufen; fast die Hälfte der Fahrt war zurückgelegt. Aber eine dunkle Wolke lagerte über der „Marieliese“: Peter Jensen, der Kapitän, lag seit einigen Tagen schwerkrank in seiner Koje, und es schien, als sollte er den Hafen nicht erreichen. Eines Tages sagte er zu dem neben ihm stehenden ersten Steuermann, der an seiner Stelle das Kommando hatte übernehmen müssen: „Mit mir geht's zu Ende. Ich weiß, ich werde den Hafen nicht mehr erreichen. Aber wie komme ich wohl in den anderen Hafen – da droben? Ach, helfen Sie mir doch! Sagen Sie mir, wie ich es machen soll, daß ich nicht verloren gehe!" „Kapitän", erwiderte der Steuermann, „das weiß ich selber nicht. Daran habe ich selbst nie gedacht. Ich habe immer rechtschaffen gelebt und meine Pflicht getan und mich nicht um Gott oder solche Sachen gekümmert." „So schicken Sie mir den zweiten Steuermann", gebot der Kapitän. Dieser kam. Aber auch er konnte die Seelenangst des Kapitäns nicht beschwichtigen. Ein Mann der Besatzung nach dem anderen wurde gerufen, aber keiner konnte dem Sterbenden den Weg des Heils zeigen. Nur der Schiffsjunge war noch nicht in der Kajüte des Kapitäns gewesen, aber auch ihn ließ der Kranke rufen.

„Karl Müller, hast du eine Mutter zu Hause?"

„Jawohl, Herr Kapitän!"

„Ist sie eine fromme Frau? Hat sie dich beten gelehrt?"

„Jawohl, Herr Kapitän, das hat sie. Und wie ich von zu Hause abreiste, da hat sie mir eine Bibel geschenkt und – "

„Hast du die Bibel hier, Junge?" unterbrach ihn der Kapitän.

„Jawohl, Herr Kapitän. Und ich habe meiner Mutter versprechen müssen, täglich darin zu lesen."

„Hol die Bibel her, Junge, und lies mir etwas daraus vor, was beim Sterben hilft."

Karl holte seine Bibel, schlug das 53. Kapitel des Jesaja auf und fing an, es vorzulesen. Als er aber an den 5. Vers kam, stockte er.

„Herr Kapitän", fragte er, „soll ich den Vers so lesen, wie ihn meine Mutter mit mir zu lesen pflegte?"

„Ja, tu's nur!"

Da las denn Karl Müller weiter: „Aber er ist um Karl Müllers Missetat willen verwundet und um Karl Müllers Sünde willen zerschlagen. Karl Müllers Strafe liegt auf ihm, auf daß Karl Müller Frieden hätte und durch seine Wunden ist Karl Müller geheilt."

„Halt!" rief der Kapitän und richtete sich auf, „das ist es, was ich brauche! Lies den Vers noch einmal, Junge, aber setze meinen Namen statt des deinigen!"

Karl tat es und las: „Aber er ist um Peter Jensens Missetat

willen verwundet…“ Und der Kranke ergriff das Heil in diesen Worten, und mit dem Trost: „durch seine Wunden ist Peter Jensen geheilt“, ging der Kapitän in den Hafen des Friedens ein.

Um meinetwillen! Um deinetwillen ist Jesus gestorben. Nicht wahr, dann hat er einen *Anspruch auf unsere Liebe, auf unseren Dank*, auf unsere Hingabe! Nicht wahr, wenn andere ihn verachten und verleugnen, dann wollen wir treu zu ihm halten! Nicht war, dann wollen wir ihm *unser Herz geben* und *unser Leben weihen!* Wir wollen es ihm nie vergessen:

„Er ist um unserer Missetat willen verwundet und um unserer Sünde willen zerschlagen.“

Ein wunderbarer Tausch.

Die Strafe liegt auf ihm, auf daß wir Frieden hätten, und durch seine Wunden sind wir geheilt. Jes. 53,5

Welch ein *wunderbarer Tausch! Jesus nimmt auf sich, was wir zu tragen haben* – unsre *Strafe,* und *er gibt uns dafür, was er hat – seinen Frieden.*

Die Gerechtigkeit Gottes erfordert es, daß die Sünde gestraft wird. Und zwar ist der Tod der Sünde Sold.

Da *tritt* Jesus *für uns ein.* Er ist das Haupt der Menschheit. *Er stellt sich dem Gericht. Er unterzieht sich der Strafe, die wir verdient haben.*

„Die Strafe liegt auf ihm."

Zu seinen vielen Feldzügen brauchte Napoleon I. viele Soldaten. Aber als es gegen Rußland gehen sollte, wurde auch ein Mann mit ausgehoben, der eine große Familie hatte. Der Gedanke war ihm sehr schwer, seine Familie zurücklassen zu müssen, sie vielleicht dem Verderben preiszugeben, wenn er nicht zurückkäme, oder auch nur wenn er lange ferne bliebe.

Er hatte einen guten Freund, einen alleinstehenden, unverheirateten Mann. Der erbot sich, an der Stelle und auf den Namen seines Freundes sich zu melden. So geschah es auch. Dieser Freund trat auf den Namen des Familienvaters ein und zog mit nach Rußland. Er blieb in der Schlacht. Sein Name erschien in den langen Verlustlisten.

Nach etlicher Zeit wurden wieder Soldaten gebraucht. Durch ein Versehen wurde der Name des Familienvaters wieder auf die Liste gesetzt. Da ging er zu dem Regimentsbureau hin und erklärte: „Ich bin tot!" Man lachte ihn aus. Aber er zog die Verlustliste aus der Tasche und wies auf seinen dort stehenden Namen: „Hier steht es: ich bin gefallen." „Ja", hieß es da, „Sie haben wohl einen Stellvertreter gehabt!" „Jawohl, ich habe einen Stellvertreter gehabt!" „Aber Sie leben, Sie müssen eintreten". „Nein, ich lebe nicht. Der Staat hat keine Forderung mehr an mich. Für den Staat bin ich tot."

Die Sache kam vor den Kaiser. Der gab dem Mann recht und entschied: „Der Staat hat nichts mehr zu fordern. Für uns ist er tot, in der Schlacht gefallen".

Sieh, so hat es auch Jesus gemacht. Er ist für uns in den Krieg gezogen. *Er ist für uns eingetreten.* Auf Golgatha ist es zur Schlacht gekommen. Und da ist unser Stellvertreter in der Schlacht gefallen. Jetzt hat das Gesetz keinen Anspruch mehr an uns. „Sintemal wir halten, daß, so einer für alle gestorben ist, so sind sie alle gestorben" (2. Kor. 5,14).

Die Strafe liegt auf ihm. Dann liegt sie *nicht mehr auf uns.* Dann brauchen wir vor dem Gericht nicht mehr zu zittern und zu zagen – denn wir wissen: „Wer mein Wort hört und glaubt dem, der mich gesandt hat, der hat das ewige Leben und kommt nicht in das Gericht, sondern er ist vom Tode zum Leben hindurchgedrungen" (Joh. 5,24).

Ja, *gelobt sei Gott für diese Botschaft: Die Strafe liegt auf iIhm – und wir sind frei!*

Er nahm auf sich, was wir verdient hatten, und – er gibt uns dafür das Seine: *„Auf daß wir Frieden hätten."*

Frieden! Seinen Frieden! Ist das nicht ein wunderbarer Tausch? Er trägt unsere Strafe, und er gibt uns seinen Frieden.

Und was hatte er für einen Frieden! Tief wie ein Strom! Was haben sich die Pharisäer und Schriftgelehrten Mühe gegeben, diesen Frieden seines Herzens zu erschüttern! Wie haben sie immer wieder versucht, ihn um seine Ruhe zu bringen! Aber es ist ihnen nicht gelungen. Und wie haben auch die Jünger mit ihrem Unverstand ihn auf harte Proben gestellt! Aber es war umsonst, Sein Friede wurde nicht getrübt und gestört.

Und *diesen Frieden bietet er uns an. Nicht* einen *Frieden, der immer wieder unterbrochen wird, sondern einen tiefen, dauernden Frieden des Herzens mit Gott,* der auch in Schwierigkeiten und Unannehmlichkeiten die Probe besteht.

Diesen Frieden hat er uns erworben, indem er die Strafe uns abnahm und sie für uns trug. Nun steht *nichts mehr trennend und hindernd* zwischen Gott und uns. Er trug unsere Sünden, er bezahlte unsere Strafe. Nun haben wir Frieden. Jeder, der es glaubt: Es ist vollbracht! – der hat Frieden mit Gott.

Welch ein Tausch: unsere Strafe – sein Friede!

Wenn dein Leben ein Leben des Glaubens ist, dann ist es auch ein Leben des Friedens. Wenn du damit rechnest, und solange du dich darauf gründest: „Es ist vollbracht!" – solange hast du Frieden, tiefen Frieden.

Das Leben, das so viele Kinder Gottes führen, das sie für ein normales Christentum ausgeben, das ist nicht nach dem Willen Gottes, nämlich das Leben, in dem es immerfort ein Fallen und Aufstehen gibt, Niederlage um Niederlage. Nach dem Willen Gottes soll es ein Leben des Friedens sein. Und das kann es sein und wird es sein, wenn es ein Leben des Glaubens ist.

Stelle dich im Glauben auf den Felsen dieses Wortes: „Die Strafe liegt auf ihm". Halte es im Glauben fest: „Es ist vollbracht", und du wirst einsehen: *„Durch seine Wunden sind wir geheilt."*

Wie oft bitten und beten Kinder Gottes, daß der Herr sie befreien und von dieser oder jener Gebundenheit erlösen möchte, und – sie kommen nicht los. Sie tun so, als ob die Erlösung noch geschehen müßte, und sie ist doch schon geschehen. *Wir sind erlöst. Jesus hat alles für alle getan. Es fehlt nichts mehr. Es ist vollbracht.*

Das muß im Glauben erkannt und erfaßt werden. Durch seine Wunden *sind* wir geheilt. *Wir brauchen nicht mehr geheilt zu werden; wir sind* geheilt.

Das steht geschrieben. Das ist eine *Tatsache*. Aber du wirst dich nicht eher darüber freuen können, du wirst sie nicht eher *erfahren*, als bis du sie *geglaubt* hast. *An der Erlösung fehlt nichts mehr. Aber am Glauben fehlt's.*

Du krankst noch an deinen Gebrechen. Du bist noch empfindlich, launenhaft, leicht verstimmt, gereizt, gekränkt, geärgert. Warum bist du das? Ist denn die Erlösung nicht auch für dich geschehen? Ist denn für dich nicht alles vollbracht? Worauf wartest du noch?

Du wartest auf den Herrn, und der Herr wartet auf dich. Du wartest darauf, daß er dich erlösen solle, und er wartet darauf, daß du *glaubst*, die ganze wunderbare Erlösung glaubst.

Willst du das nicht tun?

Sieh, die Erlösung von Golgatha ist viel umfassender, als du vielleicht bisher gedacht hast. Es ist nicht nur eine Erlösung von der Schuld und von der Macht der Sünde, sondern eine Lösung von dir selber, von deinem eigenen Ich. Paulus schreibt an die Römer: „Wir wissen, daß unser alter Mensch samt ihm gekreuzigt ist" (Röm. 6,6). Sieh, dein alter Mensch ist gekreuzigt auf Golgatha. Das steht geschrieben. Und das gilt es zu glauben.

Solange du das nicht *glaubst*, wirst du es auch nicht *erfahren*. Aber sobald du glaubst, wirst du es erfahren. Das ist ganz gewiß. Verwechsele nur nicht: glauben und versuchen! Manche sagen: ich will's versuchen! Das Versuchen ist kein Glauben! Glaube es endlich: die Strafe liegt auf ihm. Er hat alles vollbracht, die Erlösung von mir selber. Und durch seine Wunden bin ich geheilt!

Glaube es aufs Wort Gottes hin. Und – du wirst es auch erfahren! Du wirst die kostbare Erfahrung machen, die mal jemand in die bezeichnenden Worte kleidete: „Da wird die Galle pensioniert."

Eine herrliche Erlösung! Ein wunderbares, volles Heil! Ein kostbares Opfer, das Jesus gebracht hat! „Durch seine Wunden sind wir geheilt!"

Der tiefste Schade

Wir gingen alle in der Irre wie Schafe, ein jeglicher sah auf seinen Weg; aber der Herr warf unser aller Sünde auf ihn. Jes. 53,6

Weißt du, was dein tiefster Schade ist? Das ist dein Ich. Solange dein Ich auf dem Thron sitzt, ist dein Leben eine *armselige Sache*. Denn das *Ich* ist ein *Tyrann*. Das weiß ich. Wie tyrannisiert das Ich die Leute!

Da hat einer dich *nicht freundlich genug angesehen oder dich nicht gegrüßt* – und *gleich* sagt das Ich zu dir: *„Nun, was fällt dem denn ein? Was denkt sich der eigentlich? Was hat er bloß?"*

Oder es hat einer dir *ein Wort gesagt, mit dem du nicht ganz einverstanden warst*. Gleich hetzte das Ich dich auf: „Das darfst du nicht auf dir sitzen lassen. Das geht doch gar nicht! Der weiß ja wohl gar nicht, wen er vor sich hat!"

Nicht wahr, du weißt es, was das Ich für ein Tyrann ist, und wie es schon *dein Leben verbittert* und *verdorben* hat? *Dieses Ich mit seiner Selbstsucht, das ist dein tiefster Schade.*

Davon spricht hier auch der Prophet, wenn er sagt: *„Wir gingen alle in der Irre wie Schafe, ein jeglicher sah auf seinen Weg." Was heißt das? Jeder ist nur mit sich selbst beschäftigt. Jeder kümmert sich nur um sich selbst. Wie es dem andern geht, das ist einerlei.* Danach fragt man nicht, daran denkt man nicht.

Ein *armseliges, ein trauriges Leben*, wenn jeder nur mit sich selbst beschäftigt ist. Wenn das *Ich der Mittelpunkt ist, um den sich alles dreht*, dann kann es gar nicht anders sein, du wirst immer unzufrieden sein. Bald ist dir der zu nahe gekommen, bald ist dir der andere nicht freundlich genug begegnet. Da kommst du *aus dem Ärger und aus der Verstimmung gar nicht heraus*.

Würdest du dich nicht sehr freuen, wenn es möglich wäre, daß du dich gar nicht mehr ärgertest? Wäre es nicht herrlich, wenn du *nicht mehr so leicht verstimmt* und *gekränkt* und *verletzt* wärest? Nicht wahr, das wäre doch wundervoll?

Nun sieh, *das ist für dich zu haben. So etwas gibt es in der Tat! Dieses Ichleben, diese Selbstsucht* hat *Jesus auf sich genommen!* Diesen tiefsten Schaden unseres Wesens hat er geheilt!

Das sagt der Prophet. „Wir gingen alle in der Irre wie Schafe, ein jeglicher sah auf seinen Weg; aber der Herr warf unser aller Sünde auf ihn." Nämlich die Sünde unserer Eigenliebe, unserer Selbstsucht; *unseren tiefsten Schaden!*

Gelobt sei Gott für diese Befreiung! Du brauchst dich nicht mehr von deinem Ich tyrannisieren zu lassen. *Du brauchst* nicht mehr die Sklavenketten *deines Selbstlebens zu tragen.* Denn – Jesus hat deinen tiefsten Schaden geheilt. *„Der Herr warf unser aller Sünde auf ihn."*

Willst du das nicht glauben, diese befreiende, beglückende Wahrheit? Manche sagen, das sei eine „berauschende" Lehre. Ja, es hat etwas Berauschendes, man wird zum Danken und Frohsinn gestimmt, wenn man diese Wahrheit erkennt und wenn diese Wahrheit ihre freimachende Kraft beweist.

Gelöst vom eigenen Ich, frei von seiner Tyrannei, da lernt man singen: „Welch Glück ist's, erlöst zu sein, Herr, durch dein Blut!"

Und das ist für dich zu haben durch den Glauben.

Hast du noch nicht erkannt, daß dein Leben ein Irregehen war, ein kalter, engherziger Egoismus?

Dann komm zum Kreuz nach Golgatha, und danke dem Herrn dafür, daß er die Sünde deines Selbstlebens, deines Eigenwillens auf sich genommen hat! Daß er dich dadurch von dir selber befreit hat!

Ja, es stimmt:

Ein volles, freies, ewges Heil
hat Jesus uns gebracht.
Mein Herz, ergreife jetzt dein Teil,
das völlig selig macht!

Dem Herrn sei Dank, wir brauchen nicht mehr uns selbst zu leben, wir dürfen ihm leben, der für uns gestorben und auferstanden ist! Dem Herrn sei Dank, wir brauchen uns *nicht mehr um den Mittelpunkt des eigenen Ich zu drehen*, wie früher das Pferd, das den Göpel drehte, sondern unser Mittelpunkt ist er, Jesus, der Herr.

Es handelt sich für uns nicht mehr um die kleinen Sorgen und Fragen unseres Ich, sondern um die großen Angelegenheiten seines Reiches. Da weitet sich der Blick, da weitet sich das Herz. Da kommen wir aus den engen Schranken heraus, da werden wir frei, da werden wir froh.

Gelobt sei Gott! Er warf unser aller Sünde auf ihn!

Heiliges Schweigen

Da er gestraft und gemartert ward, tat er seinen Mund nicht auf, wie ein Lamm, das zur Schlachtbank geführt wird, und wie ein Schaf, das verstummt vor seinem Scherer und seinen Mund nicht auftut. Jes. 53,7

Kein Glied wird wohl so in den Dienst der Sünde gestellt wie die Zunge. Jakobus sagt von ihr: „Die Zunge ist ein klein Glied – und richtet große Dinge an. Siehe, ein klein Feuer, welch einen Wald zündet's an! Und die Zunge ist auch ein Feuer, eine Welt voll Ungerechtigkeit!"

Ist das nicht wahr? Hast du nicht auch schon manchmal geseufzt über das, was du mit der Zunge angerichtet hattest? Ja, auch Christen sind oft so wenig auf der Hut mit ihrer Zunge! Und dann klagen sie und möchten dieses Wort und jenes gerne ungesprochen machen.

Gibt es kein Heilmittel für die Zunge?

Du kannst dir vornehmen, dich zusammenzunehmen, aber das wird dir nicht viel helfen. Es wird doch immer wieder vorkommen. Denn die Zunge kann kein *Mensch* zähmen, sagt Jakobus.

Ein Mann, dem es so entsetzlich war, immer wieder mit der Zunge sich zu versündigen, wollte das Übel radikal heilen. Er machte ein Eisen glühend und verbrannte sich die Zunge. Solange die Zunge krank war, konnte er sie nicht recht gebrauchen; aber als sie wieder gesund war, da zeigte es sich, daß sie nicht geheilt war. Sie war noch dasselbe „unruhige Übel, voll tödlichen Giftes".

Nur einer kann uns helfen: einer, der seine Zunge nie in den Dienst der Sünde gestellt hat, einer, der schwieg, als wohl jeder andere geredet hätte: Jesus.

Wir wollen von ihm lernen, was es heißt: *heiliges Schweigen.*

Er hat wunderbar geredet. Man sagte von ihm: Es hat nie ein Mensch geredet wie dieser Mensch. Man kann ebenso von ihm sagen: Es hat nie ein Mensch geschwiegen wie dieser Mensch!

Da steht Jesus *in der Versammlung des Hohen Rates. Falsche Zeugen* treten gegen ihn auf. Aber sie *widersprechen sich so*, daß sie wieder abtreten müssen. Dann werden *andere Zeugen* aufgerufen. Sie sagen aus: „Er hat gesagt: Ich kann den Tempel Gottes abbrechen und in drei Tagen denselben aufbauen."

Was für eine törichte Beschuldigung! Wohl hat Jesus so etwas Ähnliches gesagt: er hat vom Abbrechen eines Tempels geredet. Aber er hat nicht gesagt, *er* würde ihn abbrechen, sondern *sie* würden ihn abbrechen. Und er hat nicht den Tempel in Jerusalem gemeint, sondern den Tempel seines Leibes.

Es hätte *nur eines Wortes bedurft, um diese Anklage zu entkräften. „Aber Jesus schwieg stille* –" (Matth. 26,63). *Auch als der Hohepriester ihn aufforderte: „Antwortest du nichts zu dem, das diese wider dich zeugen?"* – da gab er *keine Antwort.*

Dann *speien* sie aus in *sein Angesicht* und *schlagen* ihn mit Fäusten – gegen Recht und Gesetz. Es reizt sie zur maßlosen Wut, daß er kein Wort erwidert, daß *er sich alle Mißhandlungen gefallen läßt, ohne ein Wort zu sagen*. Keine Bitte, *keine Klage, kein Vorwurf, keine Verwünschung – nichts!*

Vor dem Landpfleger Pilatus steht der Heiland dann. „Und da er verklagt ward von den Hohenpriestern und Ältesten, antwortete er nichts. Da sprach *Pilatus* zu ihm: *Hörst du nicht, wie hart sie dich verklagen?* Und er antwortete ihm nicht auf ein Wort, also, daß sich auch der Landpfleger sehr verwunderte." *So ein Angeklagter ist ihm in seinem Leben noch nicht vorgekommen*. Sonst suchen sie auf alle Weise das Mitleid des Richters zu erregen, auf alle nur erdenkliche Art suchen sie sonst ein mildes Urteil zu bekommen. Aber *dieser Gefangene verteidigt sich mit keinem Wort.*

Von Pilatus wurde Jesus dann noch *zu Herodes gebracht*, der sich gerade in Jerusalem aufhielt. Der wurde *sehr froh, als er Jesus sah,* denn er hatte viel von ihm gehört, und hoffte, er würde jetzt ein Zeichen tun. Aber was er ihn auch fragte – *Jesus antwortete nichts.*

Da riß dem König endlich die Geduld. Er verachtete und verspottete Jesus, ärgerlich darüber, daß Jesus ihn so wenig beachtete. Und dann schickte er ihn zu Pilatus zurück.

Wunderbares, heiliges Schweigen!

Auch die treuesten und gesegnetsten Männer Gottes haben sich versündigt mit der Zunge. Mose entfuhren etliche Worte am Haderwasser. Sonst war er „der sanftmütigste von allen Menschen"; aber hier wurde er einmal aufgeregt, so daß er die Geduld verlor. Elias, dieser Mann des Gebets, auf dessen Gebet hin Gott den Himmel verschloß, daß es dreieinhalb Jahre lang nicht regnete – der liegt in der Wüste, verzagt, verzweifelt: „Es ist genug; so nimm nun, Herr, meine Seele, ich bin nicht besser denn meine Väter!" – Petrus, dieser Wortführer der Jünger, der gesagt hat: „Wir haben geglaubt und erkannt, daß du bist Christus, der Sohn des lebendigen Gottes" – der geht hin und verleugnet seinen Meister: „Ich kenne den Menschen nicht!"

Auch diese Großen im Reiche Gottes haben gesündigt mit ihrer Zunge – Jesus nie. „Jesus schwieg stille."

Warum schwieg er denn?

Schwieg er *etwa aus Schwäche, aus Ohnmacht, weil er nicht wußte, etwas zu sagen?* O nein, aus Schwäche schwieg er nicht, das hat er in Gethsemane bewiesen. Als die Häscher kamen, ihn gefangen zu nehmen, trat er ihnen entgegen mit der Frage: „Wen suchet ihr?" Sie antworteten: „Jesus von Nazareth!" Da sagte er: „Ich bin's!" Und was war die Wirkung dieser Worte? Die Kriegsknechte stürzten zu Boden, wie vom Blitz getroffen. Hätte Jesus es gewollt, so hätte er mitten zwischen ihnen hindurchgehen können. Sie hätten ihm nichts anhaben dürfen.

Schwieg er *aus Bestürzung, aus Verlegenheit,* als er sich den Hohenpriestern, dem Landpfleger, dem König Herodes gegenüber sah? Nein, von *Befangenheit und Menschenfurcht* wußte er nichts. Als der Hohepriester ihm den Eid zuschob: „Ich beschwöre dich bei dem lebendigen Gott, daß du uns sagst, ob du seist Christus, der Sohn Gottes" – da nahm er diesen Eid an und sprach: „Du sagst es." Und dann fuhr er fort: „Doch sage ich euch: Von nun an wird's geschehen, daß ihr sehen werdet des Menschen Sohn sitzen zur Rechten der Kraft und kommen in den Wolken des Himmels."

Nicht wahr, das sieht nicht nach Befangenheit aus?

Und als Pilatus ihn fragte: „So bist du dennoch ein König?" – da antwortete Jesus: „Du sagst es, ich bin ein König. Ich bin dazu geboren und in die Welt gekommen, daß ich für die Wahrheit zeugen soll."

Nicht wahr, das sieht nicht nach Bestürzung aus?

Ja, warum schwieg er denn? *Hielt er es etwa für „unter seiner Würde"*, mit diesen Menschen zu reden? *War* es ihm *„nicht gut genug", auf ihre Fragen zu antworten?*

Nicht im entferntesten! Er hatte diese Menschen ja lieb! Sein erstes Wort am Kreuz galt ihnen: „Vater, vergib ihnen, denn sie wissen nicht, was sie tun!" Nein, da war *nichts von Verachtung und Geringschätzung.*

Warum schwieg er denn?

Einmal darum, *„auf daß die Schrift erfüllet würde". Dieses Wort des Propheten von dem Lamm Gottes, das seinen Mund nicht auftut, das mußte erfüllt werden.*

Wie sein ganzes Leben eine Erfüllung der Schrift war, so auch sein Leiden und Sterben, so auch sein Schweigen.

Er schwieg, weil er sich *dem Willen des Vaters geduldig und gehorsam* ergeben hatte. Er wußte im voraus, wie dieser Prozeß enden würde. Er wußte, daß er in die Welt gekommen war, um für die Welt zu sterben. Er wußte, daß das Kreuz auf ihn wartete. Das wußte er seit langem, darum war es zwecklos, ein Wort zu sagen. Das Urteil hätte ja doch so gelautet, wie es vorhergesagt war. Mit voller Bereitwilligkeit geht er den Weg – zum Kreuz. „Er war gehorsam bis zum Tod, ja, bis zum Tod am Kreuz."

Aber der *tiefste Grund seines Schweigens* ist noch ein anderer. *Jesus stand da an unserer Stelle.* Er war das Haupt, der Repräsentant der gefallenen Menschheit, der „andre Adam". Und auch sein Schweigen gehörte mit zu seinem stellvertretenden Leiden. *Mit seinem Schweigen hat er all unsere Zungensünden gebüßt.*

All das Lästern und Fluchen hat er gebüßt, da er verstummte und seinen Mund nicht auftat. Für allen Mißbrauch des Namens des heiligen Gottes, für alles falsche Schwören, für alles Lügen und Trügen der Menschen – hat er geschwiegen. Für all die Schelt- und Schimpfworte, für all die beleidigenden und verleumderischen Reden ist er verstummt. All das lieblose Urteilen, all das Kritisieren und Räsonieren hat er gebüßt. All die Witze und Scherze auf andrer Leute Kosten, all das Klatschen und das Sichselbstverteidigen – hat er gebüßt mit seinem Schweigen.

Weil wir soviel geredet haben, was nichts taugte, weil wir soviel gesündigt haben mit der Zunge – darum hat er geschwiegen.

Ja, wir müßten auf ewig verstummen im Gericht Gottes, wenn nicht Jesus schon im Gericht verstummt wäre. Für all unser unrechtes Reden und Richten hat er geschwiegen.

Und auch für unser unrechtes Schweigen hat er gebüßt. Wie oft haben wir geschwiegen, wo wir hätten reden sollen! Wie oft waren wir stille, wo wir ein Zeugnis für die angegriffene Ehre Gottes hätten ablegen sollen oder für den guten Namen des Nächsten!

Und siehe, das alles hat Jesus getragen!

Mußt du dich nicht für schuldig halten, daß auch du gesündigt hast mit unzeitigem Reden und mit unzeitigem Schweigen? Nun, dann nimm das Schweigen Jesu für dich an! Er hat für dich geschwiegen!

Du müßtest verstummen im Gericht Gottes, wenn deine Sünden, deine Zungensünden dort aufgedeckt würden. Aber nun darfst du wissen: Du darfst dich freimütig Gott nahen – Jesus ist für dich verstummt! Er hat eine ganze Erlösung vollbracht. „Wer will die Auserwählten Gottes beschuldigen?"

Mach dir sein heiliges Schweigen zu eigen. *Darum danke ihm dafür aus tiefster Seele, daß er für dich geschwiegen hat! Und dann lerne von ihm sein heiliges Schweigen! Verteidige dich nicht mehr, beklage dich nicht mehr, beschwere dich nicht mehr – schweige!*

Daß es auch von dir heißen könnte, wenn man dich kränkt und beleidigt, wenn man dich verspottet und verfolgt:

„Wie ein Schaf, das verstummt vor seinem Scherer und seinen Mund nicht auftut."

Die Stätte der Zuflucht

Er ist aber aus der Angst und Gericht genommen; wer will seines Lebens Länge ausreden? Denn er ist aus dem Lande der Lebendigen weggerissen, da er um die Missetat meines Volkes geplagt war. Und man gab ihm bei Gottlosen sein Grab und bei Reichen, da er gestorben war, wiewohl er niemand Unrecht getan hat, noch Betrug in seinem Mund gewesen ist.
Jes. 53,8. 9

Ist das nicht ein furchtbares Wort: „Er ist aus dem Lande der Lebendigen weggerissen"?

Wie schrecklich das klingt!

Sonst braucht die Schrift ganz andere Worte, wenn sie vom *Sterben* der Heiligen spricht. Dann heißt es: „Er entschlief", oder es heißt: „Er ward versammelt zu seinen Vätern", oder auch: „Er ward getragen von den Engeln in Abrahams Schoß."

Und *hier* heißt es *so hart, so rauh: „Er ist aus dem Lande der Lebendigen weggerissen." Wie ist das zu begreifen?* Es heißt doch: „Wiewohl er niemand Unrecht getan hat, noch Betrug in seinem Munde gewesen ist." Wenn je, dann hätte doch dieser Tod ein „Entschlafen" sein müssen! Wenn je, dann hätten doch hier die Engel ihn heimtragen müssen! Und nun heißt es so scharf: „Weggerissen"?

„Weggerissen" spricht auch von einem schrecklichen, gewaltsamen Tod. Beten wir denn nicht, der Herr möge uns vor einem bösen und schnellen Tod bewahren? Und nun hat dieser Heilige in Israel einen so schrecklichen Tod gehabt?

Dies ist der Grund: „Da er um die Missetat meines Volkes geplagt war."

Er hatte kein Unrecht getan. Aber er hatte sich mit *dem Unrecht, mit der Sünde des Volkes beladen. Darum* wird er *„weggerissen aus dem Lande der Lebendigen", weil der Tod der Sünde Sold ist!*

Ja, der Prophet braucht noch stärkere Ausdrücke hier. Er sagt: *„Er ist aus der Angst und Gericht genommen." Also ist* er *in der Angst* und *im Gericht gewesen!*

Wie, er war in der Angst? *Ja, er war wirklich in der Angst!* Sonst weiß der Herr seine Knechte und Mägde zu trösten, wenn sie um seines Namens willen leiden müssen. Dann füllt er sie so mit Frieden und Freude, daß sie triumphierend heimgehen. Was für wunderbare Geschichten lesen wir von den Märtyrern! Stephanus sah den Himmel offen und Jesus zur Rechten Gottes stehen, ehe er unter den Steinwürfen seiner Henker „entschlief". Wie mancher sang und betete noch auf dem Scheiterhaufen, bis Rauch und Feuer ihn erstickten! Die junge Blandina hielt so unerhörte Qualen aus, tagelang, wochenlang, und blieb doch standhaft und getrost bei dem allen – und Jesus ist so in Angst?

Hat er denn weniger Kraft und Mut, als die Märtyrer hatten, als zarte Frauen und Kinder hatten?

Er war noch weit vom Kreuz entfernt, da äußert er schon seine Angst. Da sagt er: *„Ich bin gekommen, daß ich ein Feuer anzünde auf Erden, und was wollte ich lieber, denn es brennete schon! Aber ich muß mich zuvor taufen lassen mit einer Taufe, und* wie ist mir so bange, *bis sie vollendet werde!" Da dachte er an die Blutstaufe von Gethsemane und Golgatha.*

Und als er in den stillen Ölgarten Gethsemane kam, da sagte er: *„Meine Seele ist betrübt bis an den Tod."* Und dann *„fing er an zu zittern und zu zagen"*. Und dann *flehte* er einmal über das andere: *„Mein Vater, ist es möglich, so gehe dieser Kelch an mir vorüber!"*

Und es kam, daß er *mit dem Tode rang.* Und sein *Schweiß* fiel in großen Blutstropfen auf die Erde. Und er betete *heftiger.*

Er war in Angst.

Und dann bedenke, wie die Finsternis das *Kreuz* umgibt. Die *Macht der Finsternis* macht ihren letzten Angriff auf ihn. *Plötzlich* tönt der *Schrei durch die Nacht: „Mein Gott, mein Gott, warum hast du mich verlassen?"* Ein *Schrei voll Angst, voll namenloser Angst.*

Warum in der Angst?

Er war in der Angst, denn er war – im Gericht. – Nicht bloß im Gericht der Menschen war er. Er war im *Gericht Gottes.*

Bisher war die Sünde, wie Paulus schreibt, unter göttlicher Geduld geblieben. Bisher hatte Gott zugesehen und Geduld gehabt mit dem abgefallenen Menschengeschlecht. Jetzt zieht sich das Wetter des göttlichen Gerichts zusammen, denn Jesus „trug unsre Krankheit und lud auf sich unsre Schmerzen".

Auf Golgatha entlädt sich die Wolke des Gerichts. Da *offenbart* sich die *Heiligkeit* und *Gerechtigkeit Gottes* dem Herrn gegenüber, der für uns „zur Sünde gemacht" wurde. Hier empfingen die Sünden der Welt ihren Lohn.

Darum mußte Jesus in die Angst hinein, auch in die *Höllenangst der Gottverlassenheit, daß wir nie in solche Angst zu kommen brauchen. Darum konnten die Märtyrer so triumphierend, so fröhlich heimgehen, weil Jesus für sie in der Angst gewesen war. Darum* konnten sie bis zum letzten Hauch so wunderbar *die Nähe Gottes erfahren, weil Jesus* für sie die *Qual der Gottverlassenheit durchkostet hat.*

Und *nicht nur für sie; auch für uns. Wir brauchen nicht in die Angst hinein,* wir brauchen es nie zu erfahren, was es heißt, von Gott verlassen zu sein. *Das hat Jesus für uns durchkostet, getragen, gelitten!*

Darum sei Gott gepriesen für das wunderbare, vollbrachte Werk Jesu Christi!

„Aber", so sagt der Prophet, *„aber er ist aus der Angst und Gericht genommen."* Er ist *nicht darin geblieben.* Auf das Wort: *„Mein Gott, mein Gott, warum hast du mich verlassen?"* folgte das andere: *„Es ist vollbracht!"* und das letzte: *„Vater, ich befehle meinen Geist in deine Hände!" Da war die Wolke verschwunden,* da konnte er den *Vater wieder sehen.* Da konnte er wieder, wie sonst immer, *„Vater" zu ihm sagen.*

Da war er aus der Angst und dem Gericht genommen. Das bewies auch sein Begräbnis. „Man bestimmte ihm bei Gottlosen sein Grab; aber er war im Tode bei einem Reichen." So wird man besser und verständlicher übersetzen müssen.

„Man bestimmte ihm bei Gottlosen sein Grab." Man wollte ihn *auf Golgatha einscharren,* wie man es mit den Gerichteten tat. *Aber da trat Gott dazwischen.* Wenn Jesus auch erst den Übeltätern gleichgerechnet war, jetzt war er aus der Angst und dem Gericht genommen. Jetzt war das Werk vollbracht.

Darum trat *Joseph von Arimathia* heran und *bewirkte die Erlaubnis, den Leib Jesu abnehmen und in seinem eigenen Felsengrab bestatten zu dürfen.*

So durchkreuzt Gott die Pläne der Menschen, die ihm bei Gottlosen sein Grab bestimmten. So beweist auch dieses Begräbnis im Felsengrab in Josephs Garten, daß Jesus aus der Angst und dem Gericht genommen ist.

Ich las, wie die Jäger sich bei den großen Präriebränden in Amerika retteten. Wenn die Prärie in Brand gerät, dann entsteht durch die Flammen ein gewaltiger Wind, der die Flammen mit rasender Schnelle vorwärts treibt. Kein Mensch, kein Tier kann sich durch die Flucht retten, wenn diese Flammen heranbrausen. Da haben die Jäger ein sehr einfaches Mittel, um sich zu retten, wenn sie in der Ferne die Rauchwolken sehen, die ihnen den Präriebrand verkünden. Sie setzen da, wo sie sich befinden, die Prärie in Brand. Und dann legen sie sich auf dieser verbrannten Fläche nieder. Wenn die Flammen dann kommen, finden sie auf diesem verbrannten Fleck keine Nahrung mehr. Da hat das Feuer schon gebrannt. Und die Flammen teilen sich und gehen um diese verbrannte Fläche herum, und in Ruhe und Sicherheit warten die Jäger, bis die Flammen sich entfernt haben.

So gibt's einen Ort in der Welt, da ist Ruhe und Sicherheit, weil die Flammen da schon gebrannt haben. Auf Golgatha hat sich das Gericht Gottes bereits entladen. Da ist man vor dem Gericht sicher. Darum ist Golgatha – die Stätte der Zuflucht.

An keinem Platz in der Welt ist Sicherheit; aber auf Golgatha bist du geborgen. Da kommt das Gericht nicht mehr hin, denn da ist es schon gewesen.

Ach, wie vermessen die Menschen oft reden! Da sagen sie: „Es soll wohl so schlimm nicht sein! Gott ist ja die Liebe! Er vergilt ja nicht, er vergibt ja!“ Aber die so reden, die haben noch nie erkannt und bedacht, was dort auf Golgatha geschehen ist. Da hat Jesus in der Angst gezagt und gezittert im Gericht. Da hat Jesus die Qual der Hölle, die Angst der Gottverlassenheit durchgemacht. Und da will man sagen: „Mit dem Gericht wird es wohl so schlimm nicht sein“? Welche Vermessenheit! Was für eine wahnsinnige Torheit!

Golgatha ist die Stätte der Zuflucht! Wer da nicht seine Rettung gesucht und gefunden hat, der ist verloren!

Man kann sich auf seine Zugehörigkeit zur Kirche stützen, auf Taufe und Konfirmation und Abendmahl, auf Kirchengehen und Hausandacht, auf Beten und Bibellesen – und – man geht verloren mit alledem, wenn man nicht als ein verlorener Sünder sich Golgatha zugewendet und dort die Stätte der Zuflucht gefunden hat.

Ist das hart geredet? Es ist die Wahrheit! Es ist in keinem andern Heil, ist auch kein andrer Name unter dem Himmel den Menschen gegeben, darinnen wir können selig werden, als allein dieser Name: Jesus, der Gekreuzigte!

Ist das nicht ungerecht, daß nichts anderes rettet? Warum ungerecht? Gott hat ja eine Stätte der Zuflucht bereitet. Dahin kannst du fliehen – da bist du geborgen. Da hat der Teufel keine Macht mehr. „Satan flieht, Satan flieht, wenn er uns am Kreuze sieht." Und wenn der Tod kommt und seine Wogen uns umbrausen, dann sind wir auch geborgen.

„Sicher auf diesen Felsen stütz ich mich ewiglich."

Golgatha – die Stätte der Zuflucht!

Das Weizenkorn

Aber der Herr wollte ihn also zerschlagen mit Krankheit. Wenn er sein Leben zum Schuldopfer gegeben hat, so wird er Samen haben und in die Länge leben. Jes. 53,10

Mit erleichtertem Herzen gingen *Hannas* und *Kaiphas* am *Karfreitag* zur Ruhe. Der Druck, der so lange auf ihren Herzen gelegen hatte, war *endlich* gewichen. *Jesus war tot. Nun gab es wieder Ruhe im Land.*

Aber – ihre Freude währte nicht lange.

Schon am Sonntagmorgen wurden sie *durch eine Schrekkenskunde geweckt.* Da *kamen die Schildwachen, die das Grab Jesu bewacht hatten,* und *verkündigten* den Hohenpriestern, daß ein *Engel gekommen* sei, um den *Stein wegzuwälzen. Und nun sei das Grab leer.*

Also doch keine Ruhe!

Zuerst aber bleibt es noch still. Dann jedoch, einige Wochen später, fängt ihre Sorge wieder an. Am Pfingstfest hat es einen großen Auflauf im Tempel gegeben, und Petrus, einer von den Jüngern Jesu, hat eine große Predigt gehalten. Wie kommt der dazu? Was wagt dieser Mann? Und diese Predigt hat solchen Eindruck gemacht, daß er sofort einen Anhang von 3000 Menschen bekommen hat. Und diese Zahl wächst, wie man hört, von Tag zu Tag! Ganz Jerusalem ist in Bewegung! Es ist eigentlich jetzt noch viel schlimmer als zu der Zeit, da Jesus selber noch lebte!

Sogar Wunder soll dieser Petrus getan haben! An der Tür des Tempels sogar! Das kann man doch nicht so hingehen lassen!

Petrus und Johannes werden verhaftet und ins Gefängnis gelegt. Am anderen Morgen werden sie verhört. In vollem Ornat erscheinen die Hohenpriester. „Aus welcher Gewalt oder in welchem Namen habt ihr das getan?" Und was sagt Petrus? Er tritt frei und kühn, ohne Menschenfurcht und Befangenheit, vor das Kollegium und sagt: „So wir heute werden gerichtet über dieser Wohltat an dem kranken Menschen, durch welche er ist gesund geworden, so sei euch und allem Volk von Israel kundgetan, daß in dem Namen Jesu Christi von Nazareth, welchen ihr gekreuzigt habt, den Gott von den Toten auferweckt hat, steht dieser allhier vor euch gesund. Das ist der Stein, von euch Bauleuten verworfen, der zum Eckstein geworden ist; und ist in keinem andern Heil, ist auch kein andrer Name unter dem Himmel den Menschen gegeben, darinnen wir sollen selig werden."

Das waren Spieße und Nägel für die Priester und Hohenpriester. Das war derselbe Sinn, dieselbe Freimütigkeit, die ihnen in Jesus entgegengetreten war. Was sollte man machen? Das Zeichen, das geschehen war, ließ sich nicht in Abrede stellen. Das hatten viele Menschen gesehen. Man kannte ja den Menschen, der so lange bettelnd an der Tempeltür gesessen hatte. Und der war nun gesund! Was sollte man machen? Man konnte die Jünger wohl nicht so einfach abtun wie ihren Meister. Dann mußte man einen Aufstand des Volkes zu ihren Gunsten befürchten.

Vielleicht gelang es, sie einzuschüchtern! Man rief sie und gebot ihnen, „daß sie sich allerdinge nicht hören ließen, noch lehrten in dem Namen Jesu". Aber die Apostel ließen sich nicht im mindesten einschüchtern. „Richtet ihr selbst", so lautete ihre Antwort, „ob es vor Gott recht sei, daß wir euch mehr gehorchen denn Gott! Wir können's ja nicht lassen, daß wir nicht reden sollten, was wir gesehen und gehört haben."

Wie kommt das, daß diese einst so schüchternen und furchtsamen Jünger mit solcher Kühnheit und Unerschrokkenheit auftreten, daß sie sogar vor Gefängnis und Tod nicht zurückschrecken?

Das ist *etwas von der Erfüllung des Wortes: „Wenn er sein Leben zum Schuldopfer gegeben hat, so wird er Samen haben und in die Länge leben." Er hat Samen bekommen. Was heißt das?*

Jesus hat – Joh. 12,24 – gesagt: „Wahrlich, wahrlich, ich sage euch: Es sei denn, daß das Weizenkorn in die Erde falle und ersterbe, so bleibt's allein; wo es aber erstirbt, so bringt es viel Früchte."

Wenn ein Weizenkorn in die Erde gesenkt wird, was wächst wohl daraus hervor? Ein Halm, eine Ähre. Und was enthält diese Ähre? Wieder Weizenkörner. Der Same, der wächst, hat die Art des Kornes, das in die Erde gesenkt worden ist.

So war Jesus das Weizenkorn, das in die Erde fiel und starb. Aber es starb nur, um neue Weizenkörner, um viele Weizenkörner hervorzubringen, die seine Art an sich tragen. Das ist das Wesen des Samens, daß er die gleiche Art hat wie das Korn, aus dem er hervorgegangen ist.

Das ist das Geheimnis des unerschrockenen Auftretens der Jünger: Sie hatten Jesu Art bekommen, sie waren sein Same.

Und immer neuen Samen hat das Weizenkorn Jesus hervorgebracht. „Wo es aber erstirbt, so bringt es viel Früchte".

Was haben sich die römischen Kaiser bemüht, in furchtbaren, blutigen Christenverfolgungen das Christentum auszurotten. Der Sand der Amphitheater rötete sich von dem Blut der Opfer des Christenhasses. Die Parkanlagen Neros wurden erfüllt von dem entsetzlichen Geruch verbrannter Menschenleiber. Aber – ob auch mit Feuer und Schwert gewütet wurde – das Weizenkorn Jesus hatte Samen. Ja, jedes dieser Weizenkörner, das in die Erde fiel, brachte neue Weizenkörner hervor. Wie oft wurden sogar die Henker und Soldaten für Christus gewonnen – dadurch, daß sie das siegesfreudige Bekenntnis der Märtyrer hörten und ihre Standhaftigkeit bei den größten Qualen sahen.

Wie viele auch hingemordet wurden, es traten immer neue auf den Plan, die Jesu Art an sich trugen, die der Welt sein Bild zeigten und sein Leben vorlebten.

Ob auch Ströme von Blut geflossen sind im Lauf der Jahrhunderte, ob auch die *Scheiterhaufen loderten* und die *Gefängnisse* und Galeeren *sich füllten – der Same Jesu ist nicht auszurotten gewesen. Und er wird nie ausgerottet werden, denn es ist verheißen: „Wenn er sein Leben zum Schuldopfer gegeben hat, so wird er Samen haben und in die Länge leben."* Die *Bedingung* hat Jesus *erfüllt.* Er hat *sein Leben zum Schuldopfer gegeben,* er ist *freiwillig in den Tod gegangen, gehorsam* hat er den Auftrag des Vaters ausgeführt und seine Mission erfüllt.

Wohl war der Kreuzestod Jesu auf der einen Seite die

größte menschliche Freveltat; aber auf der andern Seite war er die größte göttliche Gnadentat, die je geschehen ist. Darum sagt der Prophet: „Aber der Herr wollte ihn also zerschlagen mit Krankheit". Es war der Wille Gottes, daß Jesus sein Leben zum Schuldopfer gab. Nun waren all die Opfer erfüllt, die in Israel seit alten Zeiten gebracht wurden. Nun war das Opfer gebracht, durch das die ganze verlorene Welt versöhnt wurde mit Gott, durch das in Ewigkeit vollendet sind, die geheiligt werden (Hebr. 10,14).

Nun ist die Bedingung, die der Prophet ausspricht, erfüllt. Nun hat Jesus sein Leben zum Schuldopfer gegeben. *Nun* kommt die *Erfüllung* seiner Verheißung: *„Er wird Samen haben und in die Länge leben".*

Ja, er hat Samen gehabt. Und er hat heute Samen, Menschen, die seine Art an sich tragen, Menschen, in denen er sein Leben fortsetzt. Jeder wahre Christ setzt in gewissem Sinn das Leben Christi fort, lebt ein Leben Jesu im kleinen.

Da möchte ich dich nun fragen: Hast du Jesu Art? Lebt er in dir sein Leben? Paulus konnte das Wort sagen: *„Ich lebe aber, doch nun nicht ich, sondern Christus lebt in mir." Kannst du das auch?* Petrus sagt, daß uns dazu die allergrößten Verheißungen geschenkt seien, daß wir dadurch der göttlichen Natur teilhaftig würden.

Merkt man dir davon etwas an? Das ist eine *sehr wichtige* und *ernste* Frage. *Wie sehr* wird die *Sache Jesu* dadurch *aufgehalten,* daß seine *Bekenner oft so wenig* seine Art an sich tragen. Das merkt die Welt dann bald, die sie mit scharfen Augen und Ohren kontrolliert, und dann konstatiert sie: Es stimmt nicht!

Es kommt darauf an, daß die Jünger und Jüngerinnen Jesu durch ihren Wandel den Herrn verherrlichen. Wenn sie das nicht tun, dann ist ihr Zeugnis und Bekenntnis wertlos, kraftlos. Ja, dann bringen sie die Welt dahin, den Namen Christi zu verlästern!

Darum frage ich dich mit großem Ernst: Trägst du Jesu Art an dir? Lebst du ein Leben mit ihm? Vielleicht sagst du: Wer kann das denn sagen?

Nun, wer sich Christus, dem Herrn, zu eigen gegeben hat, wer sich ihm überlassen hat, der kann so sagen. Denn es ist nicht unser Werk und Bemühen, Jesu Art anzuziehen, sondern es ist sein Werk, uns in seine Art, in sein Wesen umzuwandeln und zu gestalten. Darum heißt es: „Die Frucht des Geistes aber ist..." Wer sich Jesus übergibt in lebendigem Glauben, in dem wirkt der Herr durch seinen Geist die Eigenschaften, die Galater 5,22 aufgezählt stehen: „Liebe, Freude, Friede, Geduld, Freundlichkeit, Gütigkeit, Glaube, Sanftmut, Keuschheit." Diese Eigenschaften können wir nicht aus uns heraus produzieren. Aber er kann sie wirken und wird sie wirken, wenn wir uns ihm hingeben.

Willst du das nicht tun? „Willig, völlig, ungeteilt"?

Blicke nicht auf dich! Sage nicht: „Ach, dazu habe ich gar keine Anlagen." Es kommt nicht auf dich und deine Art an. Es kommt auf ihn und auf das Wirken seines Geistes an. Du kannst gar keine Liebe von Natur haben – wer hat die denn von Natur? Wir sind ja alle selbstsüchtig durch und durch – aber wenn du dich ihm hingibst, dann wird er seine Liebe in dir wirken, und du wirst gar nicht anders können als lieben. Und das wird dir keine Schwierigkeit sein, dazu brauchst du dich nicht zu zwingen, sondern es geht so, wie Paulus sagt: „Die Liebe Christi dringet uns also."

Zage nicht! Frage nicht: Wie soll solches zugehen? Sondern schau auf Jesus und vertrau auf sein Wort! Es steht geschrieben: „Wenn er sein Leben zum Schuldopfer gegeben hat, so wird er Samen haben und in die Länge leben."

Er wird! Siehst du? Er wird. Das ist ganz gewiß. Darum blick nicht auf dich und deine Untüchtigkeit, blick nicht auf den Feind und seine Macht, blick nicht auf deine Verhältnisse und ihre Schwierigkeiten, sondern blick auf den Herrn! Er hat's gesagt, und er hält sein Wort. Auch dir, ja, auch dir!

Keine Furcht

Und des Herrn Vornehmen wird durch seine Hand fortgehen. Jes. 53,10.

Wie oft ist die Sache Jesu schon totgesagt worden!

Der französische Spötter Voltaire, der zur Zeit des preußischen Königs Friedrich II. lebte, hat einmal verächtlich und spottend gesagt, hundert Jahre nach seinem Tod würde man die Bibel nur noch in Altertumsmuseen und Raritätskabinetten finden; aber aus dem praktischen und täglichen Gebrauch würde dieses Buch dann verschwunden sein.

Voltaire ist gestorben, in Angst und Verzweiflung gestorben. Er wollte in seiner Todesangst einen Priester kommen lassen, um sich im Sterben mit den Tröstungen einer Religion versehen zu lassen, über die er in seinem Leben immer die Schale seines Spottes ausgegossen hatte; aber seine Freunde ließen keinen Priester zu ihm. Sie wollten es nicht haben, daß Voltaire im Sterben seinen eigenen Lehren untreu würde. Und da starb er denn in vollster Verzweiflung, in entsetzlicher Höllenangst.

Die hundert Jahre sind um. Ist seine Prophezeiung in Erfüllung gegangen?

Wunderbare „Ironie des Schicksals" – besser gesagt, wunderbare Antwort Gottes auf den Spott dieses Lästerers: in dem Haus, in dem Voltaire damals diese Prophezeiung aussprach, ist heute eine Bibelniederlage, und das ganze Haus vom Keller bis zum Speicher ist angefüllt mit lauter – Bibeln.

Ja, was man auch gegen die Bibel gesagt und geschrieben hat – sie lebt und wird weiter leben. Trotz Delitzsch und Häkkel, trotz Himmler und Rosenberg, die Bibel lebt und gibt Beweise, daß sie lebt.

„Und des Herrn Vornehmen wird durch seine Hand fortgehen."

Was für eine Mühe gibt sich der Feind, das Werk Jesu aufzuhalten und zu zerstören! Auf alle erdenkliche Weise verfolgt und bedrückt er die Kinder Gottes. Was hat manche Frau zu leiden von ihrem unbekehrten und feindseligen Mann! Was für ein Martyrium ist das in so mancher Ehe!

Wie stellen sich *Eltern ihren eigenen Kindern in den Weg und hindern sie, zum Glauben an Jesus zu kommen!*

Behörden, Obrigkeiten, Gerichte, Herrschaften, durch alles das *sucht der Feind den Fortschritt der Sache Jesu aufzuhalten. Aber: des Herrn Vornehmen wird durch Jesu Hand fortgehen! Es geht vorwärts,* weil „alle Macht und List der Feinde viel zu wenig zum Widerstand ihm ist".

Trotz aller Hindernisse und Schwierigkeiten, die der Feind dem Wachsen und Zunehmen des Reiches Gottes bereitet – *es wächst* und *breitet sich aus. Einer nach dem anderen wird gewonnen.* Überall wachen die Kinder Gottes auf für ihre persönliche Aufgabe und Verantwortung, Menschen für Christus zu werben. Man überläßt es nicht mehr bloß den Pastoren und Predigern und Stadtmissionaren, man erkennt, daß alle Christen die Berufung haben, seine Zeugen zu sein. Sie geben sich als seine Werkzeuge in die Hand Gottes, und er gebraucht sie und setzt sie zum Segen.

Es kommt nicht auf uns und unsere Bemühungen an. Dann könnte man ja mutlos und bange werden. Sondern es kommt auf ihn an. Gib dich nur in seine Hand. Und dann wird Gottes Vornehmen durch seine Hand fortgehen! Das steht geschrieben.

Vielleicht hast du auch schon oft bange und zagend auf dich selber geblickt: Werde ich auch durchkommen? Werde ich auch treu bleiben?

Laß dir sagen: *Blick nicht auf dich und deine Ohnmacht, blick nicht auf den Feind und seine Macht und List – blick auf den Herrn!* Wie oft muß man das den Kindern Gottes sagen, daß sie endlich aufhören, auf sich selber zu blicken und mit sich selber zu rechnen, daß sie endlich nicht mehr dem Feind die Ehre antun, sich immer mit ihm zu beschäftigen und sich vor ihm zu fürchten! Wir wollen es doch *endlich lernen, wegzugehen von allem andern und auf ihn zu blicken, welcher der Anfänger und Vollender unseres Glaubens ist.*

In Johannes 10 steht eine kostbare Verheißung. Sie steht sofort zweimal nacheinander da. Warum? Damit wir sie nicht übersehen. Damit wir uns darauf stützen und verlassen. Und doch geschieht das so selten! Die Verheißung lautet (Vers 28): „Ich gebe ihnen das ewige Leben, und sie werden nimmermehr umkommen, und niemand wird sie mir aus meiner Hand reißen." Und im folgenden Vers heißt es: „Der Vater, der sie mir gegeben hat, ist größer denn alles; und niemand kann sie aus meines Vaters Hand reißen."

Brauchst du dich nun noch vor der Macht und List des Feindes zu fürchten? Ist dazu irgendein Grund vorhanden? Vertrau dich getrost der starken und treuen Hand des Herrn an!

„Stark ist deines Jesu Hand,
und sie wird dich ewig fassen.
Hat zuviel an dich gewandt,
um dich wieder loszulassen."

Ja, ob es sich um das Wachstum des Reiches Gottes in aller Welt handelt oder um den Fortschritt der Sache Jesu in deinem Ort oder um die Entwicklung deines eigenen inneren Lebens – *keine Furcht!*

„Des Herrn Vornehmen wird durch seine Hand fortgehen." Jesus ist dazu gekommen, daß er die Werke des Teufels zerstöre. *Es geht von Sieg zu Sieg.* „Man singt mit Freuden vom Sieg in den Hütten der Gerechten; die Rechte des Herrn ist erhöht, die Rechte des Herrn behält den Sieg!"

Es bleibt dabei – „trotz aller Feinde Toben, trotz allem Heidentum":

„Des Herrn Vornehmen wird durch seine Hand fortgehen!"

Was Jesus will

Darum, daß seine Seele gearbeitet hat, wird er seine Lust sehen und die Fülle haben. Jes. 53,11

Ja, das muß wahr sein, „daß seine Seele gearbeitet hat". Und *Seelenarbeit* ist die *schwerste Arbeit. Körperliche Arbeit, so schwer sie sein mag, ist leicht gegen Seelenarbeit.*

Da ist eine Mutter, die hat einen verlorenen Sohn. Er hat das Elternhaus verlassen. Er ist verschollen. Kein Lebenszeichen ist von ihm gekommen, lange, lange Zeit! Lebt er noch? Geht er noch die Wege des Unrechts? Hat er seine Mutter ganz vergessen?

Ja, das ist Seelenarbeit: Die Mutter steht damit auf, sie geht damit zur Ruhe. Diese Seelenarbeit macht sie so müde, so alt, das ist schwere Arbeit!

Und solche Seelenarbeit hat Jesus getan. Und es war nicht ein verlorener Sohn, der ihm solche Arbeit machte, es war eine ganze verlorene Welt.

Höre ihn beim Propheten klagen: „Ja, mir hast du Arbeit gemacht mit deinen Sünden, und Mühe mit deinen Missetaten!"

Sieh, wie er *in Gethsemane* auf *seinem Angesicht liegt!* Man hat diese Stunde den *„Seelenkampf"* in Gethsemane genannt. *Da hat seine Seele einen schweren Kampf gekämpft.* Da war *seine Seele betrübt bis an den Tod.* Da erlag seine Seele beinahe der Last, die ihn bedrückte.

Ja, schwere, blutige Arbeit hat er getan! Gearbeitet hat seine Seele, *wie nie eines Menschen Seele gearbeitet* hat!

Weißt du, denkst du daran, daß er *auch um deinetwillen diese Arbeit getan hat? Daß du ihm Arbeit gemacht hast?*

Oder – machst du ihm gar noch jetzt Arbeit mit deinen Sünden?

Wer arbeitet, der erwartet Lohn. Der Arbeiter ist seines Lohnes wert. Niemand wird arbeiten, schwer und anstrengend arbeiten, ohne Lohn zu erwarten. Auch Jesus will einen Lohn haben für seine Arbeit.

Was ist das für ein Lohn, den er will?

„Darum, daß seine Seele gearbeitet hat, wird er seine Lust sehen und die Fülle haben!"

Er will Leute haben, an denen er seine Lust sehen kann. Das ist der eigentliche Zweck der Erlösung, das ist die letzte Absicht Jesu. Er will Leute haben, an denen er seine Lust sehen kann.

Nun beantworte dir einmal vor Gott diese Frage: Kann Jesus an mir seine Lust sehen? Du bist bekehrt, vielleicht schon seit Jahren. Du arbeitest in der Gemeinde mit großem Eifer. Kann Jesus der Herr an dir seine Lust sehen?

Wenn dein Leben, wenn dein Dienst sich noch um dein eigenes Ich dreht, dann kann er nicht seine Lust an dir sehen, denn das eigne Wesen und Leben ist ein Greuel vor Gott.

Wenn dein Leben noch Gebiete und Beziehungen hat, über die Jesus nicht König geworden ist, die nicht unter seiner Herrschaft stehen, dann kann er nicht seine Lust an dir sehen. Es muß dahin kommen, „daß sich kein Gebiet seinem Einfluß mehr entzieht".

Wenn du noch nicht ein Leben des Gehorsams und der Abhängigkeit führst, völlig, willig ihm zur Verfügung, dann kann er nicht seine Lust an dir sehen.

Siehe, an dem Leben und Dienen Jesu hat der Vater seine Lust gesehen. Über dem Jordan tat sich der Himmel auf, und eine Stimme sprach: „Dies ist mein lieber Sohn, an dem ich Wohlgefallen habe!" Warum bekam Jesus dieses Zeugnis? Weil er gehorsam war. Weil er durch die Taufe im Jordan sich bereit erklärte, den Weg nach Gethsemane und nach Golgatha zu gehen als das Lamm Gottes, das der Welt Sünde trug.

Gott hat Wohlgefallen am Gehorsam. Wenn du nicht gehorsam bist, kann der Herr nicht Wohlgefallen an dir haben, kann der Herr nicht seine Lust an dir sehen. Nur durch Gehorsam werden wir Menschen des Wohlgefallens.

Bist du Gott gehorsam? Läßt du dir nie von Gott etwas zweimal sagen? Wenn du das tust, dann steht es noch nicht recht mit dir. Dann kann er nicht seine Lust an dir sehen.

An was für Kindern sehen denn Eltern ihre Lust? An gehorsamen Kindern, die ihnen aufs Wort gehorchen, denen sie nicht zweimal, dreimal dasselbe sagen müssen, denen sie nicht erst mit Strafe drohen müssen.

Johannes schreibt (1. Joh. 3,22): „Wir halten seine Gebote und tun, was vor ihm gefällig ist." – „Wir halten seine Gebote" – was ist das? Das ist Gehorsam.

Christen, an denen der Herr seine Lust sieht, sind gehorsam. Sie kennen keine größere Freude als die, dem Herrn Freude zu machen.

Aber es gibt auch solche Gotteskinder, die möglichst viel von der Welt mitzumachen und mitzunehmen trachten, die immer fragen: „Ist das denn Sünde?" Sie wollen ihre Gotteskindschaft wohl nicht verlieren, aber sie wollen doch von der Welt soviel festhalten wie nur möglich.

Ist das dein Leben und Streben, Christus, dem Herrn, zum Dank und zum Lohn für seine blutige Arbeit Freude zu machen? Tu es doch von jetzt an, wenn du es bisher etwa noch nicht getan hast!

„Er wird seine Lust sehen." Daß er solche Leute findet, das ist keine Frage. Das steht ja geschrieben. Aber das ist die Frage, ob du mit dazu gehörst, ob er an dir seine Lust sieht. Darum gib dich ihm doch hin! Liefere ihm alles aus, dein ganzes Herz, dein ganzes Leben, rückhaltlos, bedingungslos.

Und „er wird seine Lust sehen!"

„Und er wird die Fülle haben", die Vollzahl, eine bestimmte, große Zahl. Das ist der Lohn seiner Arbeit; seine Gemeinde, die „Fülle Christi". Wie einst Adam ein Weib bekam als er in tiefem Schlafe lag, so bekam auch Jesus eine Gefährtin, eine Gehilfin als eine Frucht seines Todes: seine Gemeinde. Aus allen Völkern sammelt, beruft und bereitet er sich eine Gemeinde, die auf ihn schaut als auf ihr Haupt, die von ihm abhängt in willigem Gehorsam, die für ihn da ist als sein Organ, durch das er wirkt in dieser Zeit.

„Er wird die Fülle haben." Er wird eine Gemeinde bekommen, „die herrlich sei, die nicht habe einen Flecken oder Runzel oder des etwas, sondern die heilig sei und unsträflich" (Eph. 5,27).

Man mag den Tiefstand der Gemeinde beklagen, man mag über ihre Armut seufzen, über die geringe Zahl der Gläubigen – und dennoch bleibt es dabei: „Er wird die Fülle haben."

Die Frage ist nur wieder: Wirst du dazu gehören.

Es kommt in unseren Tagen alles darauf an, daß wir uns

Christus, dem Herrn, so hingeben, daß er seine Absichten in uns und mit uns ausführen kann, daß wir wirklich Werkzeuge seiner Hand werden.

Darum komm auch du, denn der Herr will Leute haben, die für ihn da sind, die ihm zur Verfügung stehen, in denen er sich verklären kann. Komm, wir wollen mit dabei sein! Wir wollen ihn nicht mehr warten lassen und die Entwicklung seiner Gemeinde und die Ausführung seiner Absichten nicht mehr aufhalten, wie die Gemeinde solange getan hat! Damit es wahr wird:

„Er wird die Fülle haben!“

Wie Jesus

Und durch seine Erkenntnis wird er, mein Knecht, der Gerechte, viele gerecht machen, denn er trägt ihre Sünden. Jes. 53,11

Eine Zusage ist immer großartiger als die andere! Wie wunderbar ist diese Verheißung: „Er wird viele gerecht machen!"

Es hat etwas zu bedeuten, daß zweimal derselbe Ausdruck gebraucht ist: Der Gerechte wird gerecht machen. Das heißt: Er wird aus uns Leute machen – wie Jesus! Gerecht wie – er! Ist das nicht eine gewaltige Verheißung? Sie ist fast zu groß, um sie glauben zu können. Aber, nicht wahr, wir wollen doch keine Fragezeichen hinter irgendein Wort Gottes machen? Und wenn hier dieses Versprechen steht, dann wollen wir es nicht in Frage ziehen, sondern wir wollen zu verstehen suchen, was es sagen will, und dann wollen wir einfach glauben.

Nun, was heißt denn dieses Wort: „Durch seine Erkenntnis wird er, mein Knecht, der Gerechte, viele gerecht machen, denn er trägt ihre Sünden"?

Das letzte ist der Grund, auf dem alles ruht, die Wurzel, aus der alles hervorwächst. „Er trägt ihre Sünden", das ist das Fundament. Ohne das vollbrachte Opfer Christi, ohne die Tatsache von Golgatha gibt es kein Heil und keine Heiligung. Ohne das Kreuz schwebt alles Heiligungsstreben in der Luft.

Gott sei gelobt, daß dies eine Tatsache ist: „Er trägt ihre Sünden!"

Auf Grund dieses Opfers Christi dürfen wir und können wir in Verbindung und Gemeinschaft mit Gott treten. Wir können uns ihm nahen, dem Heiligen, wenn wir es glauben: „Es quillt für mich dies teure Blut, das glaub und fasse ich. Es macht auch meinen Schaden gut, denn Christus starb für mich."

Was heißt denn nun aber: „Durch seine Erkenntnis wird er … gerecht machen?" Kommt es nur darauf an, daß man eine Erkenntnis des Kopfes bekommt? Daß man etwas für wahr hält? Daß man einer Lehre zustimmt?

Nein, es handelt sich hier nicht um eine Erkenntnis des Verstandes. Sondern das Wort „Erkenntnis“ bezeichnet in der Schrift etwas anderes, nämlich: innigste Lebens- und Liebesgemeinschaft. Für die innigste Gemeinschaft in der Ehe wird das Wort „Erkenntnis“ gebraucht. So handelt es sich hier auch um eine innige Lebens- und Liebesgemeinschaft mit Jesus Christus.

Wir dürfen mit ihm Umgang pflegen, wir dürfen mit ihm Gemeinschaft haben. Er redet zu uns im Wort. Wir reden mit ihm im Gebet. Wir dürfen seine Weisungen entgegennehmen und unser Leben nach seinem Willen einrichten. Er leitet uns mit seinen Augen. Er zeigt uns den Weg, den wir wandeln sollen. Wir dürfen ihn zu unserem Vertrauten machen und alles mit ihm besprechen.

Das ist die „Erkenntnis“, von der hier die Rede ist. Von dieser Gemeinschaft sagt Paulus: „Ihn anschauend werden wir verwandelt von Herrlichkeit zu Herrlichkeit in dasselbige Bild“, nämlich in das Bild Jesu (2. Kor. 3,18).

Lebst du in solcher Gemeinschaft mit ihm? Du kannst natürlich die Erfüllung dieser Verheißung nicht erfahren, wenn du die Bedingungen nicht erfüllst, an welche die Verheißung geknüpft ist. Die Bedingung – oder das Mittel, wie der Herr diese Verheißung erfüllt, lautet: „durch seine Erkenntnis.“

Gehst du mit ihm durch deine Tage? Stehst du mit ihm in Verbindung bei deiner Arbeit? Ist er dein Berater? Ist er dein Führer? Ist er dein alles? Liebst du ihn? Lebst du ihm?

Wenn du „nein“ antworten mußt – dann laß dich bitten: tritt in so ein Leben der Gemeinschaft mit ihm ein! Du darfst, du mußt! Wie ganz anders wird dein Leben werden, wenn du nicht nur „auf halbe Tage“ oder „auf Stunden“ ihm dienst, wie es so manche Stundenhilfen heute gibt, sondern wenn du ihm immer und allezeit dienst und gehörst.

Wenn du mit ihm solche Verbindung hast, dann wird er seine Verheißung erfüllen. Dann brauchst du dich nicht anzustrengen und zu bemühen, um so einen Menschen aus dir zu machen, sondern er wird es machen. Es ist seine Sache, nicht die deine! Deine Sache ist nur, dich ihm hinzugeben, dich ihm bedingungslos auszuliefern. Dann tut er nach seiner Verheißung: Er wird gerecht machen.

Zwei Bezeichnungen werden hier dem Messias beigelegt: „mein Knecht“ und „der Gerechte“.

„Mein Knecht.“ Das Wort weist uns hin auf die völlige Abhängigkeit, in welcher Jesus seinem Vater gegenüber stand. Er hatte keinen eigenen Willen. Er war der unselbständigste Mensch, den es je gegeben hat. „Der Sohn kann nichts von ihm selber tun“ (Joh. 5,19). Er tat nichts, was der Vater ihm nicht aufgetragen hatte. Nichts! Man kann sein Handeln oft gar nicht verstehen – wenn man daran nicht denkt, daß er vom Vater abhängig war. Erst lehnt er es ab, dem kananäischen Weibe zu helfen: „Ich bin nicht gesandt denn nur zu den verlorenen Schafen vom Hause Israel.“ Das ist eine klare, bestimmte Absage. – Und nachher erfüllt er ihren Wunsch doch. Hat er sich umstimmen lassen? Hat er sich „erweichen“ lassen? Nein, aber er hat jetzt Auftrag vom Vater empfangen.

Wie gerne wäre er gewiß nach Bethanien gegangen, als die Botschaft kam: „Den du lieb hast, liegt krank.“ Aber – er blieb zwei Tage an dem Ort, da er war. Er hatte keinen Auftrag.

Er war ein „Knecht“, in willigem und völligem Gehorsam abhängig von seinem Vater. Darum war er auch „der Gerechte“. Nie war eine Differenz zwischen dem Vater und dem Sohn. Nie war ihm ein Auftrag „zu schwer“ oder „zu unangenehm“, nie hatte er „keine Freudigkeit“, wie es von Gotteskindern heißt. Der Wille des Vaters geschah immer, und er geschah sofort. Darum war er „der Gerechte“.

Und so wie er war in den Tagen seines Erdenlebens, so will er uns machen. Der Gerechte macht Gerechte.

Was gehört unsererseits dazu? Williger Gehorsam.

Bist du bereit, den Willen Gottes unter allen Umständen zu tun? Bist du bereit, ihn sofort zu tun?

Manche Kinder Gottes habe ich schon getroffen, die es für Schwärmerei und Irrlehre erklärten, wenn man ihnen sagte, es gebe eine Gerechtigkeit für uns, wie sie Jesus hatte. Aber wenn ich diese kritischen und ungläubigen Christen dann fragte: „Lebt ihr denn ein Leben des Gehorsams? Tut ihr Augenblick um Augenblick den Willen Gottes?“ – dann hieß es: „Das freilich nicht! Wer tut das denn?“

Dann ist es natürlich nicht möglich, daß Jesus uns zu Gerechten machen kann, wie er gerecht ist. Der Weg dazu geht durch den Gehorsam. Erst kommt „mein Knecht“, dann folgt „der Gerechte“. So geht es auch bei uns. Erst mußt du ein Knecht werden, in völlige Abhängigkeit von Gott kommen, willig, gehorsam unter allen Umständen, dann wirst du „gerecht“.

Bist du dazu bereit? Bist du bereit, seinen Weg zu gehen? Bist du bereit, seinen Willen zu tun? Unter allen Umständen bereit? Bedingungslos bereit? Sofort bereit?

Es gibt Christen, die sind bereit zum Gehorsam, aber nicht sofort. Gewiß, sie wollen den Willen Gottes tun, aber nicht jetzt. Erst noch dies und erst noch das! Das geht nicht!

Es gibt Kinder Gottes, die sind bereit zum Gehorsam, aber nicht unter allen Umständen. Sie wollen wohl alle Wege gehen – nur einen nicht! Sie wollen wohl dem Herrn dienen, nur nicht – in der Mission! Sie wollen sich alles gefallen lassen, nur nicht – krank werden und anderen Leuten zur Last fallen! So haben sie noch irgendeinen Vorbehalt. Gehorsam, ja, aber nur bis zu einer gewissen Grenze.

Solcher Gehorsam mit Vorbehalt ist nicht der Gehorsam Jesu gewesen. Er war gehorsam ohne Vorbehalt. Er war gehorsam bis zum Tod, ja, bis zum Tode am Kreuz!

Gib dich Gott, dem Herrn, hin in willigem Gehorsam, in völligem Gehorsam, in sofortigem Gehorsam! Das heißt: Werde ein Knecht, der gar nichts mehr selber tut, nichts nach eigenem Gutdünken, nichts nach eigenen Plänen, sondern der sich Stunde um Stunde durch den Herrn leiten und weisen läßt.

Dann wird das Leben so einfach. Dann hören die Selbstanklagen und Vorwürfe wegen der Unterlassungssünden auf, dann wird man ein glücklicher und seliger Mensch.

Das geschlachtete Lamm

Darum will ich ihm große Menge zur Beute geben, und er soll die Starken zum Raube haben, darum, daß er sein Leben in den Tod gegeben hat und den Übeltätern gleichgerechnet ist und er vieler Sünde getragen hat und für die Übeltäter gebeten. Jes. 53,12

Paulus schreibt einmal: „Daß ich euch immer einerlei schreibe, verdrießt mich nicht und macht euch desto gewisser.“ So macht es auch Jesaja in diesem Kapitel. Er schreibt immer einerlei. In immer neuen Weisen behandelt er das Thema des Todes Jesu. Gibt es ein größeres und würdigeres Thema in der Welt als dies?

Das geschlachtete Lamm, das ist der Mittelpunkt der ganzen Welt in Zeit und Ewigkeit.

Adam und Eva hatten gesündigt. Sie hatten den Tod verwirkt. Da floß an ihrer Statt das Blut der Tiere, mit deren Fell Gott die Sünder bedeckte. Da haben wir zum ersten Male in der Welt den sündigen Menschen, verschont durch das geschlachtete Lamm.

Und dann beim Auszug aus Ägypten! Da sammelte sich jede Familie, jede Hausgemeinde in Israel um – das geschlachtete Lamm. Und es gab Sicherheit und Ruhe, Verschonung und Errettung durch das Blut des Lammes.

Und dann – die zahllosen Opfer, die in Israel gebracht wurden, was waren sie anders, als lauter Hinweise auf das Lamm Gottes, das der Welt Sünde trug!

Auf Golgatha gingen endlich all diese Sinnbilder und Hinweise und Prophezeiungen in Erfüllung, als das Lamm Gottes, mit unserer Sünde beladen, auf dem Altar des Kreuzes geopfert wurde.

Und was ist der Mittelpunkt der Herrlichkeit? Das geschlachtete Lamm! Darum ertönt in den Himmeln das Lied: „Das Lamm, das erwürget ist, ist würdig, zu nehmen Kraft und Reichtum und Weisheit und Stärke und Ehre und Preis und Lob!“

In Zeit und Ewigkeit dreht sich alles um das geschlachtete Lamm.

Darum schließt Jesaja dieses wunderbare Kapitel nicht, ohne noch einmal auf das geschlachtete Lamm hingewiesen zu haben. „Darum, daß er sein Leben in den Tod gegeben hat und den Übeltätern gleichgerechnet ist und er vieler Sünde getragen hat und für die Übeltäter gebeten."

Er hat sein Leben in den Tod gegeben, freiwillig, dem Vater gehorsam. „Niemand nimmt mein Leben von mir", hat er gesagt, „Ich lasse es von mir selber."

Er kam – um zu sterben. „Siehe, ich komme; im Buch ist von mir geschrieben. Deinen Willen, mein Gott, tue ich gerne" (Psalm 40,8. 9). Das war sein Entschluß.

Es war wohl *keine Kleinigkeit, diesen Entschluß zu fassen, noch viel weniger ihn auszuführen. Was war es für ihn, den Reinen, Heiligen, den Übeltätern gleichgerechnet zu werden!* Was für ein Transport, der in der Frühe des Karfreitags nach Golgatha ging! Wie schrecklich! Ein Verbrecher, dann Jesus, dann wieder ein Verbrecher!

Und auf Golgatha? Jesus in der Mitte, als der Hauptverbrecher!

Sein Name – ans Kreuz geschlagen, als der Name eines Geächteten und Ausgestoßenen. Die Menschen gaben ihm einen Namen, der unter allen Namen war, ans Holz des Fluches genagelt, an den Schandpfahl geschlagen.

Und dennoch – er hat für die Übeltäter gebeten. Er sieht den Weg des Verderbens, den seine Mörder gehen, er sieht das Ziel, das ihrer wartet, eine trostlose, schaurige Ewigkeit – und da betet er: „Vater, vergib ihnen, denn sie wissen nicht, was sie tun!"

Und wie ist dies Gebet erhört worden! Wie viele von den Übeltätern sind gekommen und haben sich ihm ergeben, von dem Schächer am Kreuz an – bis zu dir und mir, bis zu dieser Stunde. Gelobt sei der Herr dafür, daß er für die Übeltäter gebeten hat!

Er hat im Gehorsam gegen den Vater den Kelch der Leiden getrunken. Er hat das Opfer vollbracht.

„Darum hat Ihn auch Gott erhöhet und ihm einen Namen gegeben, der über alle Namen ist, daß in dem Namen Jesu sich beugen sollen alle derer Knie, die im Himmel und auf Erden und unter der Erde sind, und alle Zungen bekennen sollen, daß Jesus Christus der Herr sei, zur Ehre Gottes, des Vaters" (Phil. 2,9-11).

Darum – weil er Sein Leben in den Tod gegeben hat, darum – weil er gehorsam gewesen ist bis zum Tode, ja, bis zum Tode am Kreuz. Darum gibt Gott ihm große Menge zur Beute, darum gibt er ihm die Starken zum Raube.

Große Menge!

Wenn man sich so umsieht in seiner Stadt, in seinem Dorf, dann könnte man wohl denken: ach, es ist doch eine kleine Herde! Es ist doch ein geringer Haufe! Die große Menge geht kalt und teilnahmslos an dem Heiland vorbei. Sie zieht sich gedankenlos von Jesus zurück und wendet Seinem Kreuz den Rücken zu.

Und nun – eine „große Menge"?

Ja, eine große Menge! Wenn du einmal so reisen würdest von Stadt zu Stadt, von Dorf zu Dorf, von Land zu Land, du würdest dich doch über die große Menge verwundern! *Es ist keineswegs so, daß die Zahl der Gläubigen gar so gering und klein ist. Im Gegenteil, der Herr hat doch ein großes Volk allüberall.*

Wer hätte das vor etlichen Jahren gedacht, daß es Studenten gäbe, die zusammenkommen, um die Bibel miteinander zu lesen und zu beten? Und nun gibt es eine ganze Reihe von Studentenkonferenzen in jedem Jahr, denn die Zahl der gläubigen Studierenden wächst von Jahr zu Jahr.

Auch ein christlicher Ärztebund hat sich gebildet. Wie lange hat man gemeint, Arzt und Christ wären unvereinbare Gegensätze! Und nun schließen sich die christlichen Ärzte zusammen zu einem Bund, der auf dem Grund des lebendigen Glaubens und dem lebendigen Heiland ruht.

Ja, Großes hat der Herr getan und tut er noch fort und fort, um das Wort zu erfüllen: „Ich will ihm große Menge zur Beute geben." Kein Stand und kein Beruf, keine Klasse und kein Rang, worin Christus, der Herr, nicht seine Anhänger hätte.

Als ich zum ersten Mal auf die Blankenburger Konferenz kam, da fielen mir die Wandsprüche in der alten Halle auf, in den verschiedensten Sprachen: englisch, französisch, italienisch, russisch, schwedisch usw. Und nicht nur, daß diese

Sprachen an der Wand vertreten waren, es waren auch Vertreter dieser Völker anwesend auf der Konferenz. Da bekam ich einen lebendigen Eindruck davon: Es ist doch keine Winkelsache, der wir dienen, sondern es ist die Sache eines großen Herrschers. Es wird immer mehr wahr in allen Ländern und Völkern der Welt: „Ich will ihm große Menge zur Beute geben."

In wie viele Sprachen ist jetzt die Bibel übersetzt! In wie vielen Ländern wird jetzt am Anfang des Jahres die Allianz-Gebetswoche gehalten! Ja, es ist eine große Menge. Gott sei dafür gepriesen!

Und wenn wir's hier auf Erden nicht so sehen, wir werden es im Himmel einmal gewahr werden, was es für ein großes Volk ist.

In der *Offenbarung* erzählt Johannes von einer *großen Schar, welche niemand zählen konnte,* aus allen Heiden und Völkern und Sprachen, vor dem Thron stehend und vor dem Lamm, angetan mit weißen Kleidern und Palmen in ihren Händen. Und die schrien mit großer Stimme und sprachen: „Heil sei dem, der auf dem Thron sitzt, unserm Gott, und dem Lamm!" (Offb. 7,9. 10).

Eine unzählbare Schar! Eine große Menge!

Darum denke nicht mehr, es sei eigentlich eine Winkelsache, die Sache Jesu Christi! Nein, nein! Es ist die Sache des Königs aller Könige, des Herrn aller Herren.

Und ist nicht auch das andere Wort wahr geworden, und wird es nicht alle Tage wahr: „Er soll die Starken zum Raube haben"?

Wie viele „Starke" hat er schon überwunden! Wie viele „Starke" waren wohl unter den Dreitausend, die am ersten Pfingstfest dem Heiland zum Raube fielen! Und war nicht Saul von Tarsus so ein „Starker", der mit Dräuen und Morden schnaubte wider die Jünger des Herrn? Aber über diesen Starken kam der Stärkere, der ihn vor den Toren von Damaskus in den Sand warf. Es war das Werk eines Augenblicks, da war dieser „Starke" überwunden.

Plötzlich umleuchtete ihn ein Licht vom Himmel, und eine Stimme sprach zu ihm: „Saul, Saul, was verfolgst du mich?"

„Herr, wer bist du?"

„Ich bin Jesus, den du verfolgst. Es wird dir schwer werden, wider den Stachel zu löcken!“

„Herr, was willst du, daß ich tun soll?“

Wie lange hat dieses Zwiegespräch gedauert? Wenige Augenblicke nur. Aber diese wenigen Augenblicke entschieden über das Leben dieses „Starken“ und machten ihn zu einem „Überwundenen und Gebundenen Jesu Christi“.

Und so ist es weitergegangen bis auf diesen Tag. Er hat die Starken zum Raube. Nicht bloß Frauen, wie die Welt so oft spottet, nein, auch Starke. Männer, die in allen Sünden und Schanden gelebt haben; Männer, die voll Widerspruch und Feindschaft waren; Männer, die voll Kritik und Zweifel waren – er hat sie zum Raube bekommen.

Ich kannte einen Mann, der zehn Jahre seines Lebens im Zuchthaus gesessen hatte. „Ohm Michel“ nannten ihn die Leute. In seiner Jugend war er der Schrecken des ganzen Siegerlandes gewesen. Endlich wurde er gefaßt und vor Gericht gestellt. Wegen Falschmünzerei wurde er zu zwanzig Jahren Zuchthaus verurteilt.

Da saß nun dieser Sohn der Freiheit, der in den Wäldern gelebt hatte, in seiner engen Zelle wie ein Löwe im Käfig. Das konnte er nicht aushalten. Wenn er nur etwas gehabt hätte, um seinem Leben ein Ende zu machen! Aber er bekam weder Messer noch Gabel.

Da – eines Sonntags, als er zum Gottesdienst in die Kapelle geführt wurde, sah er im Kies des Hofes plötzlich eine Glasscherbe liegen. Er bückte sich blitzschnell und steckte sie zu sich, um sich nachher die Pulsader damit zu öffnen. Aber – an diesem Morgen begegnete ihm der Stärkere, der den Starken zum Raube bekam. Das Wort Gottes, gegen das er sich sonst immer verhärtet und verschlossen hatte, traf ihn und zerschlug sein Herz.

Er warf die Scherbe fort und ließ den Pastor zu sich bitten. Der fand – nicht mehr einen hartgesottenen Verbrecher wie sonst, sondern einen bußfertigen Menschen, der unter Tränen um Gnade bat.

Und von Stund an war August Michel ein neuer Mensch, ein seliges Kind Gottes. Und als er dann, nachdem er zehn Jahre abgesessen hatte, begnadigt war, da wurde er ein Verkündiger des Evangeliums, Hunderten und Tausenden ein Wegweiser zum ewigen Leben.

Ja, große Sünder und Sünderinnen haben sich vor dem Herrn gebeugt und ihm gehuldigt als ihrem König und Gebieter. Und er hat sie angenommen und zu seinem Eigentum gemacht.

Und nicht nur große Sünder sind gekommen. Auch andere „Starke" hat er bezwungen. Gewiß ist die Selbstgerechtigkeit noch ein größeres Hindernis als die Sünde. Wie mit Panzerplatten ist ein Herz gewappnet, das in der Selbstgerechtigkeit befangen ist. Aber – Christus, der Herr, kann auch selbstgerechte und fromme Leute überwinden, die auf ihre Frömmigkeit pochen. Es ist wohl schwer, aber dem Herrn ist nichts zu schwer. Jesus kann! Das geschlachtete Lamm überwindet allen Widerstand. Jesus ist Sieger.

Hat auch dich das geschlachtete Lamm überwinden können – jeden Widerstand deines Herzens, jeden Ungehorsam deines Lebens? Bist du willig und völlig ihm hingegeben?
Möchte es dein und aller Lehrenden Bekenntnis und Freude werden und bleiben:

„Auf dem Lamm ruht meine Seele,
betet voll Bewundrung an.
Alle, alle meine Sünden
hat sein Blut hinweggetan."